Katja Wegener

Glücksorte im Tölzer Land

Mit Tegernsee & Schliersee

Dieses

Glücksbuch

ist für

Liebe Glücksuchende,

die glücklichsten Momente sind zeitlos, da ist es verständlich, dass das große Glück oft in den kleinen Dingen versteckt liegt.

Ruhe, Genuss und jede Menge erholsame Augenblicke. Nicht höher, schneller, weiter, sondern achtsamer, genussvoller und entspannter, denn Zeit ist der Weg zu faszinierenden Glücksmomenten.

Wer sich darauf einlässt, dieses Gefühl im Tölzer Land und am Tegernsee zu spüren, wird in traumhafter Natur mit genussvollen Augenblicken und kreativen Auszeiten belohnt. Authentisch, traditionell und immer wieder überraschend findet man Glück zwischen Isar und Inn am Alpenrand. Trifft auf malerische Berge mit farbenfrohen Wiesen, kristallblaues Wasser, genussvolle Ortschaften mit facettenreichem Handwerk und faszinierende Himmelsmomente.

Kulinarisch geht es mit kuscheligen Alpakas zu selbst gemachtem Frühstücksglück, über den Schokoladen-Himmel zu grünen Biergarten-Sternen. Von unartigen Blumen mit einer großen Portion Gute-Laune-Booster zu kreativem Handanlegen wie Knödelei und Pinselstrich.

Man könnte sagen, die Anzahl der Glücksmomente am Alpenrand ist nur eine Frage der Zeit.

Vielleicht klingen 80 Glücksorte ein wenig ambitioniert, doch eigentlich sind es noch viel zu wenige. Wahrscheinlich mag man den einen mehr, den anderen weniger. Jeder Ort ist individuell, einzigartig und auf seine Art charmant. Klassiker mischen sich mit unentdeckten Perlen, Blickwinkel und Uhrzeit verändern die Perspektive.

Ich wünsche inspirierende Auszeiten im Glücksmodus,

Ihre Katja Wegener

Deine Glücksorte ...

... noch mehr Glück für dich

Bunt und barock

1 Die Marktstraße in Bad Tölz

„Der schönste Festsaal des Oberlandes“: Schlendert man auf dem historischen Kopfsteinpflaster mit leichter Steigung und Höhe die Tölzer Markstraße hinauf, erklärt sich dieser Satz wie von selbst. Farbenfroh strahlt die berühmte Häuserfassade, die das quirlige Treiben umrahmt. Hier heißt es shoppen und genießen auf Bayerisch.
Wachsam schweift der Blick über die alpenländischen Giebelfronten mit ihren Lüftlmalereien. Die Optik an den noblen Kaufmanns- und Patrizierhäusern verdankt die Marktstraße dem Münchner Architekten Gabriel von Seidl. Als Tölz ab 1890 Berühmtheiten wie Thomas Mann oder Mark Twain anzieht, gibt er den bereits 1453 vom Wittelsbacher Herzog Albrecht III. nach einem verheerenden Brand aus Stein errichteten Häusern ein neues und bis heute aktuelles Gesicht. Weit über die Grenzen Bayerns hinaus bekannt wurde die Fassade des Stadtmuseums, die dem „Bullen von Tölz“ als Polizeipräsidium in der gleichnamigen Fernsehserie diente.
Sanft zieht sich die Bilderbuchinnenstadt von der Isar kommend platzartig und autofrei hinauf zum Standbild Kaspar Winzerer III., das seit 1887 die obere Marktstraße bis zum Khanturm ziert. Von hoch oben wacht er ebenso über den wöchentlichen Bauernmarkt wie über die traditionellen Christkindl- oder Ostermärkte der Stadt. Immer wieder lohnt der Blick gen Himmel, denn jedes Haus lässt durch seine Einzigartigkeit einen besonderen Moment im Auge des Betrachters entstehen.
Farbenfroh finden sich Stühle und Tische von Restaurants, Cafés und Eisdielen gemischt mit Schatten spendenden Sonnenschirmen. Wer besondere Schmankerl mag, wird im Traditionscafé Schuler bei Bienenstich, im „gmiatlichen“ Chocosy oder bei der Institution Tölzer Kasladen in der pittoresken Altstadt glücklich. Traditionsunternehmen und moderne Läden zaubern nostalgische Kurorteleganz. Die Tölzer Marktstraße, ein charmanter Ort, an dem bayerisches Flair für genussvolle Glücksmomente sorgt. Oder anderes formuliert: Glücksmomente in der wohl bayerischsten Stadt Oberbayerns.

TIPP
Auf der anderen Isarseite lockt der Badeteil mit Kurpark, Kurhaus und KneippGarten.

- Marktstraße, 83646 Bad Tölz
- ÖPNV: BOB, Haltestelle Bahnhof Bad Tölz oder diverse Busse, Haltestelle ZOB Isarkai

57
fielmann

Süßer Traum

2 Schokoladencafé Chocosy Bad Tölz

Ein feiner Duft aus heißer Schokolade und frischem Kaffee weht durch die historische Altstadt. Angekommen an der kleinen Oase für Genießer wird schnell klar, hier spiegelt der Name das Konzept genussvoll wider. Chocolade und cosy – also Schokolade trifft Gemütlichkeit, das Mittel gegen Hektik, Stress und Alltag.
Trinkschokolade ist das Herzensprojekt der Gründer Moritz Fey und Lisa Hegewald, was man mit jedem einzelnen Produkt aus der eigenen Manufaktur schmeckt. Im minimalistisch eingerichteten Laden tummelt sich die kleine Chocosy-Familie abgepackt im Regal, während sich Schokoladenbröckchen in einer restaurierten italienischen Kaffeemaschine von 1961 in duftende Trinkschokolade verwandeln. Nicht so kompakt wie geschmolzene Schokolade im Fondue, doch auch nicht so flüssig wie gelöstes Kakaopulver. Es ist eine perfekte Mischung, schaumig serviert, damit sich die Aromen besser entfalten. Mal in Weiß oder Dunkel, mal kombiniert mit Eis oder Kaffee. Egal, wie sinnlich komponiert, lecker sind die Kreationen immer.
Im Chocosy dreht sich alles um erlesene Trinkschokoladen und Kaffeevariationen für Wohlfühlmomente. Selbst gemachte Schokoladenkuchen sorgen für Sonnenscheinmomente am Gaumen und garantiert glückliche Gesichter.

TIPP

Dark Duke, Milky Mike und White Winnie – die coolen Namen der abgepackten Glücksmomente für zu Hause.

Schnell kommt man am To-go-Fenster ins Gespräch, während man eine der fantasievollen Kreationen genießt. Nachhaltigkeit ist kein Fremdwort und so werden natürliche Materialien aus Holz, Maisstärke oder Grashalmfasern verwendet. Um eine Spur gemütlicher ist es natürlich, auf einer der wenigen Sitzgelegenheiten Platz zu nehmen, um das bunte Treiben in der Marktstraße zu beobachten.

- Schokoladencafé Chocosy, Marktstraße 51, 83646 Bad Tölz, Tel. (0 80 41) 4 37 89 92
www.chocosy.de
- ÖPNV: BOB, Haltestelle Bahnhof Bad Tölz oder diverse Busse, Haltestelle ZOB Isarkai (Fußweg jeweils 10 Minuten)

LUST AUF
HEIßE SCHOKI?

Genuss im Fluss

3 An den Josefstaler Wasserfällen Schliersee

Leise gurgelt und blubbert das kalte Wasser bereits weithin hörbar durch den leuchtend grünen Mischwald. Ein Spiel aus Licht und Schatten macht diesen Ort zu einer magischen Kraftoase. Sich Zeit nehmen und Momente der Vollkommenheit spüren. Frische Energie sprudelt vorwitzig wie das Wasser über kleine Vorsprünge und Wurzeln.

Teilweise sprichwörtlich über Stock und Stein, vorbei an dunklen Gumpen und kleinen Wasserfällen, führt der Weg entlang des Bachs aus der kleinen Schlucht heraus. Vielfältig muten Flora und Fauna auf der wasserreichen Fläche an. In jeder Blütenfarbe der Natur zeigen sich bunte Flecken. Ob gelbe Trollblumen, die ihre runden Köpfchen der Sonne entgegenrecken, lila Bergdisteln und geschützte Berg-Flockenblumen oder weiße Flauschmützchen von Wollgras, die der Wind sanft schaukelt. Jetzt ist der passende Moment, die Füße aus den Wanderschuhen zu befreien und mit den Zehen im frischen Wasser zu planschen.

TIPP
Ein Abstecher an den Schliersee und ins Markus Wasmeier Freilicht-museum.

Eine schwelgerische Inszenierung überrascht den Betrachter hinter jeder Ecke und lädt ein, die besondere Geschichte dieser Region näher zu erkunden. Sanft schlängelt sich ein schmaler Wiesenweg den Hang hinauf, um direkt auf den historischen Bockerlbahnweg zu führen. Ein restaurierter Originalwaggon der ehemaligen Waldbahn und spannende Informationstafeln erinnern an eine technische Meisterleistung und den immensen Kraftaufwand der Bevölkerung, um eine Riesenaufgabe zu bewältigen. Es sind die Spuren eines orkanartigen Föhnsturms, der im Januar 1919 mit brachialer Gewalt oberhalb des Spitzingsees wütete. Über 300.000 Bäume brachte das Naturereignis zu Fall. Unmengen Holz, die schnellstmöglich abtransportiert werden mussten. Die Bockerlbahn wurde umgehend aus dem Nichts erbaut und nach nur drei Jahren Betriebszeit zurückgebaut. Knapp 100 Jahre nach diesem verheerenden Sturm ist der Natur glücklicherweise nichts mehr anzusehen.

So wird aus einem Besuch an den Josefstaler Wasserfällen ein wunderbarer gemütlicher Spaziergang durch geschichtsträchtigen Wald.

- Josefstaler Wasserfälle, 83727 Schliersee (Adresse fürs Navi: Josefstaler Straße 28, 83727 Schliersee)
- ÖPNV: RBR RB 55, Haltestelle Bahnhof Fischhausen-Neuhaus (Fußweg 30 Minuten)

Glückseliges Bad

4 Jod-Schwefel-Quellen in Bad Wiessee

Wohlig warm entspannt das weiche Wasser genussvoll jeden einzelnen Muskel. Schnell breitet sich ein Gefühl von Ruhe und Geborgenheit aus. Unablässig schweift der Blick ins Blau des Himmels. Dank durchdachter Architektur entstehen Momente, die die Wanne in beruhigender Natur wähnen lassen.

Der Südtiroler Stararchitekt und Designer Matteo Thun hüllte die Jod-Schwefel-Quellen in ein neues und edles Gewand. Vier lichtdurchflutete Cubes empfangen den Besucher. Es sind schützende, wärmende Naturmaterialien wie Holz, die die Räume prägen. Licht und Wasser bringen alles wirkungsvoll in Einklang. Ein Gefühl von naturnaher Ruhe und erdender Entspannung, die guttun und für genussvolle Glücksgefühle sorgen. Genau der richtige Ort, um sich auf die eigene Gesundheit zu konzentrieren.

Leicht schwefliger Geruch liegt beim Betreten des neuen Badehauses in Bad Wiessee in der Luft. Nicht wirklich verwunderlich, werden die wohligen Wannenbäder oder tropisch anmutenden Sprühbäder mit Heilwasser verabreicht, das von Natur aus reich an Jod und Schwefel ist. Über 300.000 Jahre ist das Wasser alt, welches in einer Tiefe von 700 Metern gewonnen wird. Technische Daten, die sofort an Relevanz verlieren, während angenehme Wärme, weiche Naturfarben und von überall der Blick in den Himmel dominieren.

Doch welches Geheimnis verbirgt sich in diesem Wasser? Wertvolle Inhaltsstoffe wie Jod wirken belebend, unterstützen die Haut und sind eine Wohltat für die Atemwege. Schwefel soll Schmerzen lindern und den Bewegungsapparat unterstützen. Kombiniert spricht man dem Jod-Schwefelbad auch eine verjüngende Wirkung zu.

Ein geschichtsträchtiger Raum, an dem bis heute Deutschlands stärkste und heilkräftigste Jod-Schwefel-Quellen sprudeln. Mit seiner Suche nach Öl ebnete 1909 der niederländische Bauingenieur Adriaan Stoop dem Bauerndorf am Tegernsee den Weg zu einem florierenden Kurort, der für ganzheitliches Wohlbefinden und Gesundheit steht.

- Gesundheitszentrum Jod-Schwefelbad, Wilhelminastraße 4, 83707 Bad Wiessee, Tel. (0 80 22) 8 60 80, www.jodschwefelbad.de
- ÖPNV: Badepark Bus 9559 ab Tegernsee, Haltestelle Jodbad

Klostermomente

5 Naturgenuss am Kloster Benediktbeuern

Faszinierend ragen die beiden Zwiebeltürme vor der massiven Benediktenwand in den Himmel. Ursprünglich als rein weltliche Station zur Kontrolle der Bergpässe von Norden nach Süden gedacht, entstand um das Jahr 725 in Benediktbeuern das älteste Kloster Oberbayerns im Loisachtal.

Regelmäßig treffen Pilger und Wallfahrer ein, um den besonderen Segen an der Benediktusreliquie zu empfangen. Die Reliquie, die durch Karl den Großen hier befindlich ist und dem Klosterdorf zu seinem Namen „Benedictoburanum" verhalf. 1803 zur Säkularisation entdeckte man die berühmte „Carmina Burana", die größte Sammlung weltlicher und geistlicher Lieder des Mittelalters in Europa. Carl Orff komponierte daraus 1936 ein meisterhaftes Werk, welches regelmäßig durch die Klostermauern schallt.

Ein Hauch der bewegten Geschichte weht noch heute durch die unterschiedlichen Gebäude, die gemeinsam ein wahrliches Gesamtkunstwerk bilden. Es ist keine Frage der Konfession, die in jeder Ecke ehrfürchtige Ruhe spüren lässt. Ein Ort, um Alltagspausen zu spüren, die Seele baumeln zu lassen.

Dieses Gefühl macht sich auch breit, wenn es barfuß über einen liebevoll angelegten Parcours geht. Die glanzvoll erstrahlende Basilika des Klosters im Blick geht es über hölzerne Stege, durch moorige Kuhlen und hinauf auf einen kleinen Aussichtsturm. Quakende Frösche und Matsch zwischen den Zehen sorgen für einen ganz besonderen Naturgenuss, der ebenso erdet wie das beeindruckende Kloster. Moorweg, die Entdeckung des Meditationsgartens und verschiedene Erlebnisbiotope bieten als Zentrum für Umwelt und Kultur den perfekten Platz, um innezuhalten. Seit sie 1930 das Kloster erwarben, wirken die Salesianer Don Boscos in Benediktbeuern und verbinden in besonderer Weise Tradition und Fortschritt, geistliches Leben sowie Kultur und Natur.

So bietet der Klosterkomplex Platz für Jugendarbeit und Jugendherberge, aber auch der katholischen Stiftungshochschule einen Campus.

- Kloster Benediktbeuern, Don-Bosco-Straße 1, 83671 Benediktbeuern, Tel. (0 88 57) 8 80, www.kloster-benediktbeuern.de
- ÖPNV: RB 66, Haltestelle Bahnhof Benediktbeuern

Feinschmecker

6 Café im Süden in Bad Tölz

Ein kleiner Abstecher in eine Seitenstraße der Marktstraße ist dafür nötig und, versprochen, jeden Schritt wert. Gegenüber einem Blumengeschäft befindet sich ein Ort der Freude und des Genusses mit Wohlfühlcharakter.

An warmen Tagen sind die wenigen Sitzplätze auf den bunten Stühlen draußen sehr beliebt. Kleine Tische, viel Grün und jede Menge liebevoll platzierte Deko, die sich im Detail spiegelt. Betritt man das gemütliche Innere, steht man in einem „knutschigen" Wohnzimmer. Vielleicht liegt es an den ausgesuchten Wohnaccessoires oder auch verschiedenen Dekorationsartikeln, die zum Verkauf bereitstehen und damit eine bezaubernde Wow-Atmosphäre kreieren.

Auch wenn das reichhaltige Frühstücksangebot eine genussvolle Empfehlung ist, es duftet den gesamten Tag nach selbst gebackenen Köstlichkeiten, was ganz sicher der Backfreude der Inhaberin, Frau Schnee, zuzuschreiben ist. Mit Leidenschaft und Herz werden hier Snacks, warme Spezialitäten, feines Gebäck und außergewöhnliche Torten zubereitet. Gezaubert wird mit gesunden Zutaten aus der Region. Frisch, vegan, gluten- und laktosefrei. Der Duft von feinem Espresso, Cappuccino bis hin zu herrlichem Milchkaffee stammt von einer exklusiven Kaffeeauswahl der kleinen Manufaktur Tölzer Bohne aus Sachsenkam.

Glücksgefühle machten sich bestimmt beim gesamten Team des Cafés im Süden breit, als die Auszeichnung des Magazins „Feinschmecker" mit der Mitteilung ins Haus flatterte, zu den besten Cafés in Deutschland zu gehören. Ein ganz besonderer Glücksort ist es in jedem Fall.

TIPP

Eine steinerne Treppe führt direkt auf den Kalvarienberg mit faszinierendem Panoramablick hinauf.

- Café im Süden, Rathausgasse 4, 83646 Bad Tölz, Tel. (0 80 41) 7 93 51 74
www.cafeimsueden.de
- ÖPNV: BOB, Haltestelle Bahnhof Bad Tölz oder diverse Busse, Haltestelle ZOB Isarkai

Käselust und Gipfelblick

7

Auf der Stie-Alm am Brauneck

Langsam kommt die Natur zur Ruhe, die Sonne taucht mit ihren letzten warmen Strahlen die Felsen in rotweiches Licht. Wie überzogen mit einem Schleier aus Samt liegen die Gipfel vom Wettersteingebirge bis über das Karwendel vor uns in kühlem Blau.

Abends macht sich auf der Stie-Alm, der höchstgelegenen Alm am Brauneck, Entspannung breit. Wer die Stie-Alm auf 1500 Meter über dem Meer betritt, wird umfangen von wohliger Berggasthausatmosphäre. Die große Sonnenterrasse mit Biertischen und gemütlichen roten Liegestühlen, der Kinderspielplatz ums Eck, alles lädt zum Verweilen ein. Direkt an der kleinen Herz-Jesu-Kapelle heißt es den Barfußpfad spüren und Erfrischung im Berg-Kneipp-Becken erleben.

Nur kurz haben die alpinen Wildkräuter im Jahreszyklus Zeit, sich zu entfalten. So geht es frisch von Biokräutergarten und unbehandelten Almwiesen direkt auf den Teller. Kochen ist hier ebenso Leidenschaft wie das Kreieren von herzlichen Hüttenmomenten ohne Internet und Handyempfang.

TIPP
Das Brauneck ist ein Wanderparadies und besonders frühmorgens noch fast menschenleer.

Die ersten warmen Sonnenstrahlen streichen über blühende Almwiesen und vertreiben zärtlich den Schlaf aus den Hüttenbetten. So lässt sich gemütlich mit einem Frühstück mitten im Bergidyll in den Tag und damit zu faszinierenden Wanderabenteuern starten. Wer eine Nacht auf der Stie-Alm verbringt, spürt deutlich, dass Zeit der wahre Luxus unserer Tage ist. Das sind die Momente, die uns das Leben in vollen Zügen spüren lassen und unfassbar glücklich machen.

Was die Alm besonders macht, ist die hauseigene Käserei und damit die einzige Almkäserei im bayerischen Oberland. Die Milch dazu liefern die gemütlich auf der Alm grasenden Kühe. Vom Rohmilchkäse bis zur endgültigen Reife lagern die Käselaibe hier und werden gehegt und gepflegt. Wer freundlich fragt, dem wird ein Blick in die Almkäserei sicher ermöglicht. Der Weg zu diesem Wohlfühlort beginnt an der Bergstation Brauneckbahn, von dort führt eine einfache, 35 Minuten dauernde Wanderung entlang des Forstweges.

● Stie-Alm, Latschenkopf 5, 83658 Lenggries-Brauneck, Tel. (0 80 42) 23 36
www.stie-alm.de (Wer übernachten möchte, sollte unbedingt frühzeitig anfragen)
● ÖPNV: BRB 56, Haltestelle Bahnhof Lenggries, dann Bus 9564, Haltestelle Brauneckbahn Lenggries

Auf Filmspuren

8 Bulle von Tölz Museum und Brunnen

Er ist wohl die schwergewichtigste Berühmtheit der Region. Mit Herz und oberbayerischem Humor geht es gemeinsam mit dem Bullen von Tölz auf Verbrecherjagd im Isarwinkel. 69 Folgen drehte Sat.1 seit 1996 mit Ottfried Fischer in der Hauptrolle. Während die Mama, bei der Kommissar Benno Berghammer wohnte, intensiv Ausschau nach einer geeigneten Schwiegertochter hielt und sich regelmäßig in seine Belange einmischte, klärte dieser gemeinsam mit seiner Berliner Kollegin Sabrina jeden Mordfall auf.

Bei durchschnittlich sechs Millionen Zuschauern wurde die Region am Alpenrand bekannt und beliebt. Noch heute ist das Erste, was so ziemlich jedem beim Begriff Bad Tölz einfällt, der Bulle. Wer die Stadt oder besser gesagt die Bayern wirklich verstehen möchte, sollte die Serie schauen. Denn schnell wird klar, warum Bad Tölz als die „bayerischste Stadt Bayerns" betitelt wird.

TIPP

Original „Bulle von Tölz"-Stadtführungen finden Sa. & So. um 10 Uhr statt. Informationen im Museum.

Ein Museum mit wunderschönem Blick auf die Isarbrücke, direkt am Isarkai, befindet sich im Tölzer Mauthäusl. Zu sehen gibt es alles, was die Kultserie ausmacht. Filmmaterial, Originalrequisiten und Nachbauten verschiedener Szenen lassen die Fanherzen höherschlagen. Lebensgroß und aus speziellen, 15 Millimeter starken Cortenstahlplatten gelasert, entsteigen die berühmten Serienhelden dem Filmbild. Platziert ist dieses Szenario im Brunnen auf dem Max-Höfler-Platz.

Wer zu allem spannende Details erfahren und ein wenig auf den Filmspuren des Bullen durch Tölz wandeln möchte, sollte sich eine Stadtführung nicht entgehen lassen. Viele Drehorte und Schauplätze liegen rund um die Isarstadt verstreut. Eine im Museum erhältliche Broschüre führt so vom Kloster Benediktbeuern, in der Prälat Hinter seine Residenz hatte, Richtung Icking in die Pension Berghammer, die liebevoll von Mama Resi geführt wurde, bis in die Wandelhalle am Kurpark und natürlich in die Tölzer Marktstraße. Hier befindet sich die prächtige Kulisse des Polizeipräsidiums.

● Bulle von Tölz Museum und Brunnen, Kapellengasteig 3 (am Max-Höfler-Platz), 83646 Bad Tölz, Tel. (0 80 41) 7 99 13 77, https://dasbullevontoelzmuseum.de
● ÖPNV: diverse Busse, Haltestelle ZOB Isarkai, Bad Tölz

MUSEUM
DER BULLE VON TÖLZ

Flüssiges Gold

9 Slyrs Destillerie und Slyrs Caffee & Lunchery

Entstanden aus einer Wette, Handwerkskunst, einer großen Portion Leidenschaft und ganz viel Heimatliebe. Genau genommen ist nur reinstes Wasser aus einer nahe gelegenen Gebirgsquelle wirkungsvoll vereint mit über Buchenholz gerösteter bayerischer Gerste, die Zutat, um einen waschechten Bayern entstehen zu lassen. Doch wie kommt es am Schliersee zu Whiskey? Bier wäre einleuchtender.

Es war eine Wette des gelernten Brauers Florian Stetter, die Herstellung von Whiskey locker hinzubringen. Locker war es nicht, aber das Ergebnis kann sich schmecken lassen. Der mittelalterliche Ortsname Slyrs steht Pate für eine einzigartige Erlebnisdestillerie. Heimelig empfängt einen das architektonisch geradlinige Holzhaus, das im Inneren einige Überraschungen bereithält.

Behaglich strahlt der Whiskey wie ein golden schimmerndes Leuchten aus 218 Flaschen, die wirkungsvoll in einem Regal als Blickfang dienen. Slyrs wird auch gerne das feine Gold vom SLYRSee genannt. Ein paar seiner Geheimnisse verrät Florian Stetter, begibt man sich auf einen Rundgang durch die heiligen Hallen. Vorbei an unzähligen Holzfässern, Infotafeln und eigens gedrehten Erklärvideos. Bilder, die Lust machen, dem kernigen Geschmacksgeheimnis auf die Spur zu kommen. Was man unbedingt bei einer Verkostung vollenden sollte.

Glücksmomente gibt es bei hausgemachten regionalen Köstlichkeiten in Slyrs Caffee und Lunchery. Ein paar Stufen geht es hinauf, um die Qual der Wahl zu haben. Ein Familienbrunch mit erstklassigem Kaffee und frisch gepressten Säften in der Sonne? Ein gemütliches Weißwurstfrühstück? Ein großes Stück selbst gebackener Kuchen? Eine deftige Brotzeit zur Mittagspause? Oder das Whiskey Barbecue mit Livemusik. Es ist der ganz eigene Charakter des modernen hellen Holzhauses, die Liebenswürdigkeit des Personals. Es ist der Blick in die traumhafte Bergkulisse, der die Sinne verwöhnt. Hier kann man zeitlos den Slowfaktor spüren, glückliche Momente erleben und Balsam für die Seele tanken.

● Slyrs Destillerie und Slyrs Caffee & Lunchery, Bayrischzeller Straße 13, 83727 Neuhaus/Schliersee, Tel. (0 80 26) 9 22 27 95, https://slyrs.com

● ÖPNV: BRB RB 55, Haltestelle Bahnhof Schliersee

SLYRS
Bavarian Single Malt
Whisky
SOLERA
T
OLOROSO

Flauschalarm

10 Lamas am Glaswinklhof in Wackersberg

Es ist wohl meist die extrem coole Zottelfrisur, die dazu führt, komplett schockverliebt zu sein, trifft man das erste Mal auf diese entspannten Tiere. Riesige braune Knopfaugen verfolgen aufmerksam jeden Schritt und schnell wird klar, ihre Kernkompetenz lautet neben purer Entspannung auch sanfte Sturheit.
Gemeinsam mit der wolligen Bande, jeder bekommt ein eigens angeleintes Tier, geht es auf eine erlebnisreiche Wanderung: über Wiesen, durch Wälder, am Wasser entlang. Doch schnell erfahren die Zweibeiner, wer hier glaubt, das Sagen zu haben. Feinsinnig, wie Lamas nun mal sind, weiß Checko immer gewitzt, was er tun muss, um eine leckere Portion frischer Kräuter zu ergattern. Blitzartig geht der Kopf Richtung Boden und außer den langen, spitzen Ohren ist kaum etwas anderes von ihm zu sehen als flauschige Wolle, die ihn überall bedeckt. Jetzt ist wirklich Überredungskunst angesagt, diese gemütlichen 120 Kilogramm zum Weitergehen zu bewegen. Eigentlich war das Ziel, das Tier so lange – ohne Naschen – zu führen, bis die ganze Gruppe eine gemeinsame Rast macht. Mitunter ist es einfach angebracht, sich in Geduld zu üben. Im Nullkommanichts stellt man sich komplett auf die Lamas ein und fokussiert vollkommen auf Entspannung. Denn eines mögen Lamas nicht – und das ist Hektik.

TIPP

Die besten „Auszogne" gibt's im Kräuterstüberl auf dem Glaswinklhof.

Deutlich lieber sind sie grazil tänzelnd auf leisen Sohlen unterwegs. Es ist ihre ganze Art, die diese sanften Tiere so bewundernswert macht. Getrost kann man sagen, Lamas sind die Antwort auf Schnelligkeit und Adrenalin.
So entschleunigend und schön eine Wanderung mit ihnen durch die weidegrüne Natur im Tölzer Land ist, Lamas und Alpakas können auch einen therapeutischen Aspekt bieten, wenn sie wie bei Nadine – ihrer zweibeinigen Ersatzmama – bei einer tiergestützten Therapie mit Kindern und Jugendlichen zum Einsatz kommen.

- Alpaka-Lama-Team auf dem Glaswinklhof, Glaswinkl 111, 83646 Wackersberg, Tel. (0 80 41) 7 12 91, www.alpaka-lama-team.de
- ÖPNV: Bus 379, Haltestelle Glaswinkl, Wackersberg

Frei im FreiZeit

11

Café und Biergarten FreiZeit in Bairawies

Munter glitzern Sonnenstrahlen in hellem Lichtgelb durch das dunkle Grün der alten Kastanienblätter. Auch wenn der gemütliche Biergarten direkt an der offiziellen Hauptstraße in Bairawies liegt, man muss diesen bezaubernden Ort kennen, um ihn zu finden.

Es ist ein lange verwaister Gasthof, dem Jasmin Seitner-Spangenberg mit ihrem Ladencafé FreiZeit neues Leben eingehaucht hat. Etwas richtig Schönes und einen sozialen Treffpunkt wollte die Sprachwissenschaftlerin in Bairawies schaffen. Perfekt gelungen! Wer das freundlich helle Innere des Cafés betritt, wird immer herzlich begrüßt. Ein gekonnt perfekt arrangiertes und aufeinander abgestimmtes Sammelsurium an unterschiedlichen Holztischen und Stühlen erwartet den Gast. Fliesenboden mit grautönigem Schachbrettmuster und an der Wand ist das alte Mauerwerk in Ausschnitten freigelegt. Wärmende Felle, bunte Blumen und saisonale Deko runden das spartanisch geniale Interior ab.

TIPP

Schnapp dir einen Picknickkorb und genieße die Aussicht auf der Bank in Hechenberg (Glücksort 69).

Ankommen, Platz nehmen und die genussvolle Zeit steht still. Jasmin und ihr Team sind kleine Umweltheldinnen. Was hier auf den Tisch kommt, ist nachhaltiger Genuss ohne Massenkonsum und Müllberge. Regional und unverpackt ist das Motto vom reichhaltigen Frühstück, vom selbst gemachten Kuchen bis zu täglich wechselnden Mittagsgerichten. Dabei steht das „Frei" für „verpackungsfrei" und „Zeit" für ein wunderbares Lebensgefühl im Hier und Jetzt.

Was zu Beginn als Unverpacktladen startete, findet sich noch als kleines Sortiment liebevoll unverpackter Artikel für den täglichen Hausgebrauch. Eine kleine Dorfladenecke begrüßt uns direkt am Eingang.

Es ist spannend, was täglich neu den Weg auf die Speisekarte im 220-Seelen-Ort Bairawies findet. Lecker ist es wirklich immer. Ein echtes Highlight sind Picknickkorb oder Thermorucksack. Auf Wunsch werden diese liebevoll gepackt und bieten eine wunderbare Grundlage für romantische Stunden in der Natur. Den passenden Ortstipp gibt es jederzeit gratis dazu.

● Café und Biergarten FreiZeit, Dorfstraße 30, 83623 Dietramszell/Bairawies, Tel. (0 80 27) 9 30 30 73, www.freizeit-bairawies.de

Tosende Drachen

12 Tatzelwurm-Wasserfälle bei Oberaudorf

Wildes Fauchen und Zischen ist bereits beim Aussteigen aus dem Auto zu vernehmen. Ist es tatsächlich ein Mythos oder gibt es ihn wirklich? Den bayerischen Drachen Tatzelwurm?

Nur ein paar Minuten Gehzeit entfernt vom Wanderparkplatz Tatzelwurm am Sudelfeldpass ist der Ursprung der gurgelnden Geräusche ausfindig gemacht. Gut 95 Meter tief stürzt sich der Tatzelwurm-Wasserfall über zwei Felsstufen in die Auerbachklamm. Eine faszinierende Schlucht haben die Wassermassen über Jahrtausende in den Felsen gegraben und das Bachbett ausgewaschen. Etwas oberhalb der Schlucht, auf einem gut begehbaren Weg durch grünen, schimmernden Mischwald, liefert die Natur magische Energie. Von zwei Brücken aus lassen sich die beeindruckenden Wassermassen bestaunen. Schillernd wie Abertausende kleine Regenbogen funkelt der aufstäubende Nebel, der aus der Gumpenklamm auftaucht.

TIPP
Kaiserschmarrn mit Blick auf den Auerbach bietet direkt an den Wasserfällen das Hotel Tatzelwurm.

Um dieses als Naturdenkmal ausgewiesene Geotop rankt sich eine Legende. Ein Fabelwesen soll hier hausen, tief in den finsteren und lauten Engen des Wasserfalls. Sprungbereit lauert er hier unten auf seinen sechs Beinen – der Tatzelwurm. Auf Wallfahrer hatte er es angeblich abgesehen, die zahlreich auf dem Weg zu einer kleinen Wallfahrtskapelle vorbeikamen. Ein Happs mit dem riesigen Maul und die Drachenmahlzeit war perfekt. So oder so ähnlich kann man es im nahen Gasthaus erfahren, wo die Geschichte vom Feuer speienden Tatzelwurmungeheuer gerne erzählt wird.

Was auch immer an dem namensgebenden Mythos dran ist, ein packendes Naturschauspiel sind die Tatzelwurm-Wasserfälle allemal. Einfach zu erreichen und auch für alle, die nicht so gut zu Fuß sind, machbar. Der Spaziergang ist kurz und führt auf dem Hin- wie Rückweg über die gleiche Strecke. Für den ungehinderten Ausblick auf den unteren Wasserfall sind ein paar Natursteinstufen zu überwinden. Das ganze Jahr über frei und kostenfrei zugänglich sind die Wasserfälle besonders im Herbst, wenn sich die Blätter bunt färben, eine Empfehlung.

● Tatzelwurm-Wasserfälle, Tatzelwurmstraße 1, 83080 Oberaudorf

Berauschender Bergblick

13 Im Berggasthaus auf dem Herzogstand

Sanft gleitet sie während ihrer vierminütigen Fahrt vom Walchensee hinauf auf 1600 Meter. Der Ausblick aus der Gondel ist mit jedem Höhenmeter berauschender. Auf einem der berühmtesten Münchner Hausberge offenbart sich ein grandioser Gipfelblick. Fast unwirklich türkis schillert der Walchensee und darüber die sich auftürmende Alpenkette mit ihren schneebedeckten Gipfeln im Süden. Im Norden liegt tief im Tal der Kochelsee, über den man bei guter Sicht bis München blicken kann.

Es ist nur ein kurzer, aber aussichtsreicher Spaziergang bis zu einem leckeren Kaiserschmarrn im Berggasthaus Herzogstand. Was im Sommer den würzigen Duft der knorpligen Latschenkiefern zu einem Genussabenteuer werden lässt, ist bei Schnee ein geräumter Panoramaweg. Berühmte Maler wie Franz Marc verewigten Walchensee und Kochelsee in ihren Gemälden. König Ludwig II., Bayerns Märchenkönig, zog es hingegen regelmäßig zu Fuß hinauf zum Gipfel. Damals, 1865, ließ er sein Königshaus erbauen, um hier regelmäßig sein persönliches Paradies auf Erden zu erleben. Eine Büste erinnert noch heute an den „Kini".

Auch wenn ein Großbrand im November 1990 das Anwesen bis auf die Grundmauern niederbrannte, den königlichen Genussort gibt es wieder. Es ist die Ruhe, die das Herz umarmt, man sitzt im diffusen Licht der untergehenden Sonne und erfreut sich am süßen Nichtstun. Übernachtungsmöglichkeiten im neu erbauten Berggasthof ermöglichen genau diese Ruhepause vom Alltag. Weit schweift der Blick über das Karwendel bis in die Tiroler Berge, die zu fortgeschrittener Stunde weich mit dem mystischen Blau des Walchensees verschwimmen. Apropos Walchensee. Glaubt man einer Legende, dann liegt tief auf seinem Grund ein riesiger Waller, der, wenn er geärgert wird, das gesamte Oberland mit Walchenseewasser flutet. Bis dahin nutzt das Walchensee-Erlebnis-Kraftwerk das natürliche Gefälle zwischen den beiden Seen und erzeugt so grünen Strom, kombiniert mit interessanten Ausstellungen. Faszinierend und lehrreich ist ein Besuch.

TIPP

Die schönste Aussicht auf beide Seen gibt es auf dem Grat Richtung Heimgarten. Trittsicherheit nötig.

- Berggasthaus Herzogstand, Tel. (0 88 51) 2 34 www.berggasthaus-herzogstand.de
- ÖPNV: diverse RB, Haltestelle Bahnhof Kochel, dann RVO-Bus 9608, Haltestelle Walchensee-Herzogstandbahn

Burger essen im Grünen

14 Gasthaus RamsAu in Bad Heilbrunn

Manchmal führt einen der Zufall geradewegs an den richtigen Ort. Etwa, wenn man hungrig von einer Wanderung für die Seele auf dem Rückweg ist oder weil einem der Sinn nach einem köstlichen Burger steht.

Sommerliche Temperaturen sind wie gemacht für Genuss unter freiem Himmel. Typisch bayerisch heißt es, lauschig unter alten Kastanien und Linden sitzen, gemütlich regionale Spezialitäten genießen. Gekocht wird in der RamsAu regional, saisonal und nach biologischen Grundsätzen. Schmackhafte bayerische Küche trifft hier kreative Moderne. So ist es ein wahrer Genuss, in einen saftigen Burger zu beißen. Varianten gibt es einige, sodass für jeden kulinarisch verwöhnten Gaumen garantiert etwas auf der Speisekarte zu finden ist.

Man stelle sich das Gefühl vor, die Natur käme von außen mit hinein in das historische Gasthaus. Farblich warmgedeckte grüne Wände, mit gemütlichen Fellen belegte Hocker und von der Decke hängt, als Lampe verkleidet, die ein oder andere Kaffeekanne. Antike Dekoration nennt sich der coole Style, der dem Haus ein einzigartiges Ambiente verleiht. Es ist ein geschmackvoller Ort, der gute Küche mit traumhafter Lage und einem nachhaltigen Konzept kombiniert.

Es sind die Essenzen der Natur, die die Hektik des Alltags vergessen lassen. Von der Sonne verwöhnt sind es kostbare Momente des Innehaltens, die beim Blick ins Blätterdach des Biergartens jeden ins Schwärmen geraten lassen. Umgeben von herrlicher Natur, ist der stimmungsvoll umgebaute Stall ein Ort, um große und kleine Feste ausgelassen zu feiern. Perfekt, wenn es dann doch etwas später werden sollte. In neuem Glanz erstrahlt das historische Haus und bietet neben zwölf modern gestalteten Zimmern auch eine großzügige Ferienwohnung. Aufwachen umgeben von Pferden, die hier auf dem angrenzenden Hof wohnen. Wie war das noch mal: „Das Glück der Erde liegt auf dem Rücken der Pferde." Worauf also noch warten?

- Gasthaus RamsAu, Ramsau 6, 83670 Bad Heilbrunn, Tel. (0 80 46) 14 81
  www.ramsau-das-gasthaus.de
- ÖPNV: Bus 9612, Haltestelle Gästeinfo/Fachklinik, Bad Heilbrunn
  (Fußweg 20 Minuten)

Nostalgie am Faden

15

Tölzer Marionettentheater am Schlossplatz

Ein bisschen fühlt es sich an wie eine Reise in die eigene Kindheit. Langsam wird es dunkel im Theater und der samtig rote Vorhang schwebt an die Seiten. Kein Laut ist im Raum zu hören, als die ungewöhnlich anmutenden Akteure die Bühne betreten. Am seidenen Faden turnt ein grünlich böser Zwerg mit dem komplizierten Namen Rumpelstilzchen über die Bretter, die seine Welt bedeuten. Heute ist er der Star des Abends, doch die professionellen Puppenspieler Albert Maly-Motta, Karlheinz Bille und ihr Team (ver)führen seit Mai 2000 große und kleine Gäste des Tölzer Marionettentheaters zu den unterschiedlichsten Themen in eine ganz eigene Zauberwelt.

Allerdings ist die Tradition dieses fantastischen Kosmos zwischen Fantasie und Wirklichkeit in Bad Tölz bedeutend älter. Seit mehr als 115 Jahren sind es Märchen und berühmte Stücke der Schauspiel- und Opernbühne, die es hier am Schlossplatz über der Marktstraße zu bestaunen gibt. Es war der Tölzer Apotheker Georg Pacher, der, angeregt durch das Schmid´sche Marionettentheater in München, zwischen den heimischen Türstöcken die Puppen tanzen ließ. Aus Liebhaberei entwickelte sich eines der bekanntesten Figurentheater Deutschlands. Heute haben am Schlossplatz in Bad Tölz kunstvoll gefertigte Figuren, die große Opern aufführen, Theater spielen, Lesungen begleiten oder Märchen erzählen, ein Zuhause. Auch die kabarettistische Seite kommt nicht zu kurz. Mit dem Programm „Welt am Faden" zeigen die beiden Leiter ein vergnügliches Szenenprogramm, gespielt auf offener Bühne. Die bayerische „Ratschkathl" sorgt dafür, dass kein Auge trocken bleibt. Wenn die Puppen über die Tölzer Bühne schlendern, tauchen garantiert alle in eine komplett eigene Welt ein.

● Tölzer Marionettentheater, Am Schlossplatz 1, 83646 Bad Tölz, https://marionetten-toelz.de (Kartenvorverkauf Tourist-Info, Tel. (0 80 41) 78 67 15)
● ÖPNV: BRB RB 56, Haltestelle Bahnhof Bad Tölz (Fußweg 5 Minuten)

Handgerollte Glücksgefühle

16

Knödelseminar im Landgasthof Alte Bergmühle

„Gar sind die Knödel, wenn sie tanzen", sagt Michaela Schmitz-Guggenbichler fröhlich lächelnd und fischt sie vorsichtig mit einer Kelle aus dem Topf. Ist es erst mal so weit, steht dem bestandenen Knödeldiplom fast nichts mehr im Weg.

Doch der Reihe nach. Bereits beim Binden der Kochschürze ist der Alltag vergessen. Wohlwollend verteilt Michaela die Aufgaben unter den Kursanten, scherzt, lacht und dirigiert gekonnt alle nötigen Handgriffe rund um die Knödeltöpfe. Zwischen brodelndem Wasser und zischendem Fett gibt es neben hilfreichen Tipps für jedes Problem eine Lösung. Ist der Teig zu fest, bekommt er einen Schuss Milch hinzu, und wird es zu klebrig, deklarieren wir es einfach als „Handwellness". Spielend leicht werden Knödel in unterschiedlichsten Variationen in der Küche des kleinen bayerischen Landgasthofes Alte Bergmühle in Birkenstein, einem Ortsteil von Fischbachau, gerollt.

Inspiriert aus alten Kochbüchern kommen seit Jahrhunderten ausgereifte und vollendete Rezepte zum Einsatz. Trotzdem bieten Knödel auch immer viel Spielraum für kulinarische Experimente. Sie schmecken mal süß, mal herzhaft. So folgen dem vegetarischen Zwischengang aus Spinat-, Kaspress- oder Quark-Möhren-Knödel gerne die klassischen Brezn- oder Semmelknödel. Einige sind gefüllt und verlocken zum süßen Abschluss mit Marillen oder einem großen Klecks Nuss-Nougat-Creme. Was sie immer alle gemein haben, ist ihre Form und dass sie Michaelas große Leidenschaft sind. Sorgfältig wird jeder Knödel mit der Hand geformt und mit einer bezaubernden Mixtur aus Leichtigkeit und Kraft zu wunderbaren Knödelgerichten.

Leidenschaft, die Knödelseminarteilnehmer spüren, wenn die Küchenchefin schwungvoll mit den Zutaten jongliert, während sie über Tricks aus dem Nähkästchen plaudert und für jeden ein aufmunterndes Lächeln hat.

In ihrer Gaststube serviert die aktive Mutter zweier Kinder regelmäßig Klöße aus geriebenen Kartoffeln mit Schweinsbraten und Kraut. Fürs Essen allerdings erhält niemand das Knödeldiplom.

TIPP

In der Wallfahrtskapelle Birkenstein lässt sich die Magie der Stille spüren.

- Landgasthof Alte Bergmühle, Birkensteinstraße 60, 83730 Fischbachau, Tel. (0 80 28) 7 32, www.bergmuehle-fischbachau.de
- ÖPNV: Bus 9552, Haltestelle Bergmühle, Fischbachau

Nachhaltiges in Holz

17 Hofladen & Café Boarhof am Tegernsee

Gemütlich knistert das Kaminfeuer im rustikalen Hofcafé. Der Blick schweift hinter den weidegrünen Wiesen über den blau schimmernden See. Auf einer Anhöhe am Nordufer des Tegernsees zwischen Gmund und Bad Wiessee liegt der Ortsteil Holz. Nur wenige Minuten entfernt vom Trubel entflieht es sich ganz einfach in die idyllische Umgebung des Boarhofs.

Noch warm duftet das gerade gebackene Holzofenbrot, überzogen mit frischem Aufstrich, liebevoll mit essbaren Blüten dekoriert. Was die Qual der Wahl erschwert, ob es vielleicht doch lieber ein Stück hausgemachter Kuchen mit einer starken Tasse Kaffee sein soll. Alles natürlich bio und aus eigener Produktion. Freitags und samstags lässt es sich hier genussvoll mit einem himmlischen Frühstück in den Tag starten.

TIPP

Ein gemütlicher Spaziergang führt durch eine Allee mit alten Bäumen vorbei an Schweinen zum Boarhof.

Der Hof ist einer der ältesten Bauernhöfe am Tegernsee. Seit Markus und Maria Bogner ihn gepachtet haben, reifen und leben hier alte samenfeste Gemüsesorten und Tierarten, die teils vom Aussterben bedroht sind. Auf den ersten Blick mag es ein wenig bunt durcheinander wirken, wie hier Blumen, Gemüse und Salat wachsen. Doch alles hat seinen Sinn. Angebaut wird nach dem Prinzip der Permakultur. Die Philosophie der geschlossenen Kreisläufe, die das gesamte Handeln auf dem Hof bestimmt. Wie sich altes Wissen gepaart mit den heutigen Möglichkeiten vereinen lässt, vermittelt Markus in regelmäßigen Seminaren.

Schnell und billig ist nicht die Arbeitsweise der Bogners. Sie produzieren gesunde und wohltuende Lebensmittel. Die saisonalen Bioprodukte finden sich ebenso im Hofladen wie Marmeladen, Eier, Honig sowie Pikantes und Süßes im Glas. Natürlich nicht zu vergessen die köstlichen Brote, die aus einfachen bäuerlichen Zutaten im Holzofen gebacken werden. Ergänzt wird das Sortiment durch Produkte wie Wurst oder Käse von Partnern aus der Region. Ein netter Plausch auf dem Hof und dank des reichhaltigen Sortiments kann man hier donnerstags, freitags und samstags vieles vom Wocheneinkauf erledigen.

- Hofladen & Café Boarhof, Max-Obermayr-Weg 6, 83707 Bad Wiessee-Holz, Tel. (0 80 22) 27 14 25, www.brotzeit-leben.de
- ÖPNV: Bus 9559, Haltestelle Bayersäge, Bad Wiessee (Fußweg 10 Minuten)

Rosenkohl
Rahnen
-gekocht & geschält-
kg 7.20€
Grünkohl
kg 5.50€
Kürbis
-verschiedene Sorten-
kg 3.50€

Auszeit in den Bergen

18 Beim Bergsportausrüster Bergzeit

Lichtdurchflutet sind die modernen Räumlichkeiten und in jeder Ecke ist sie zu spüren, die Leidenschaft für die Berge, für eine Zeit voller nachhaltiger und nachwirkender Erlebnisse in der Natur.
Was sich bereits durch die filigrane Holz-Bergsilhouette der Außenfassade zeigt, zieht sich authentisch und natürlich durch die beiden Filialen. Bei Bergzeit wird Bergzeit gelebt. Dabei steht nachhaltiges und verantwortungsbewusstes Handeln ganz weit oben auf der Agenda der beiden Geschäftsführer Martin Stolzenberg und Markus Zabel. Fest überzeugt davon, dass die Outdoorbranche eine besondere Verantwortung hat und beim Klima- und Naturschutz eine Vorreiterrolle übernehmen muss, sodass die Produkte weder den Menschen noch der Erde schaden, machen sie sich stark in einem Netzwerk. Es sind kleine, aber wirkungsvolle Schritte, die man im EMAS-zertifizierten Unternehmen geht, um die Verbesserung der eigenen Ökoeffizienz zu leisten und verstärkte Anstrengungen zu unternehmen, die globale Erwärmung zu begrenzen. Schritte für unsere Zukunft in den Bergen. Ursprünglich als Tourenportal gegründet, hat sich Bergzeit zu einem führenden Bergsportausrüster in Europa entwickelt. Das Sortiment von über 500 Marken für Klettern, Wandern, Trailrunning, Biken und Skitouren ist beeindruckend.
Neben Ausrüsten und Beraten werden die Berge auch erlebbar gemacht. In Ergänzung zu den Produkten sorgt ein Onlinemagazin mit Reisereportagen, Produkttests und einer fesselnden Sammlung von unterschiedlichen Outdoorberichten ebenso für Inspiration wie ein breites Angebot ausgesuchter Erlebnisse. Für den gesamten Alpenraum werden Reisen, Touren und Kurse angeboten.
Es ist immer wieder ein beglückendes Gefühl, sich in den großzügigen, hell gestalteten Räumlichkeiten umzuschauen, fachkompetent beraten und mit wertvollen Tipps versorgen zu lassen. Menschlich, kompetent und nachhaltig, um mehr Bergzeit zu erleben.

- Bergzeit, Am Eisweiher 2, 83703 Gmund-Moosrain, Tel. (0 80 21) 5 06 20 00
www.bergzeit.de
- ÖPNV: BRB RB 57, Haltestelle Bahnhof Moosrain (Fußweg 5 Minuten)

PICTURE
EXPEDITION

Ein blaues Wunder erleben

19 Fabrikrestaurant Mangfallblau in Gmund

Wohlige Wärme strahlen die alten Steine aus, während urbaner Fabrikflair kühle Schlichtheit spiegelt. Im Mangfalltal bei Gmund am Tegernsee liegt auf dem Gelände der Gmunder Papierfabrik ein Kleinod. Bereits beim Eintreten weht der Duft von frischen Waffeln und unglaublich köstlichem Kaffeegenuss durch die im Industriechic gestalteten Räume. Wohlfühlatmosphäre, die neben einem Lächeln auch angenehme Glücksgefühle hervorruft.

Milchkaffeemomente, die sich mit bayerischer Bauernmilch aus der Alpenregion Tegernsee ebenso genießen lassen wie ohne Aufpreis mit Biosoja- oder Hafermilch. Denn Regionalität spielt bei den Gerichten auf der vorwiegend vegetarischen Speisekarte eine ebenso große Rolle wie gesunde und saisonale Zutaten. Smoothie Bowls, Röstbrote aus geröstetem Dinkelsauerteig, die in liebevoller Handarbeit mit Avocado oder scrambled Tofu belegt werden, aber auch täglich wechselnde Gerichte findet man dekorativ angepriesen auf der großen Papierrolle an der Wand. Frisch gestärkt lässt sich der Gmund Campus rund um das Mangfallblau wunderbar entdecken.

TIPP

In direkter Nachbarschaft liegt die Gmunder Papierfabrik. Ob Führung oder nicht, ein Besuch lohnt.

Doch auch für jede Art von Veranstaltung macht das Mangfallblau als Eventlocation einiges her. Eingebettet in die idyllische Natur des Mangfalltals ist hier von kleinen Kreativmeetings über Hochzeiten, außergewöhnliche Firmenevents oder besinnliche Weihnachtsfeiern alles zu realisieren.

Es ist einfach der Wow-Effekt, den die Räumlichkeiten bieten. Doch bis es in die Planung außergewöhnlicher privater Veranstaltungen geht, heißt es indoor wie outdoor sitzen, essen, trinken und das Leben in vollen Zügen genießen. Gäbe es eine ultimative Schatzkiste erstaunlicher Ecken und heimlicher Lieblingsorte, dieses besondere Fabrikrestaurant hätte garantiert einen Platz in ihr.

Kleine Glücksinfo am Rande: Mangfallwasser kann man schmecken. Aus der hauseignen Quelle stammt das in der Glaskaraffe servierte, mineralstoffreiche und belebend schmackhafte kühle Nass.

- Fabrikrestaurant Mangfallblau, Mangfallstraße 5, 83703 Gmund, Tel. (0 80 22) 7 50 05 00, www.mangfallblau.com
- ÖPNV: BRB RB 57, Haltestelle Bahnhof Gmund (Fußweg 15 Minuten)

Ökologisch im Irrgarten

20

Begehbarer Fußabdruck in Königsdorf

Wir Menschen leben weit über unsere Verhältnisse. Bereits im Juli sind die von der Natur im gesamten Jahr zur Verfügung gestellten Ressourcen verbraucht. Bei unseren heutigen Konsum- und Verhaltensmustern wird es langfristig zum ökologischen Kollaps kommen.
Welch aufschlussreicher Moment verbirgt sich wohl hinter der nächsten grünen Blätterwand des Labyrinths? Fasziniert geht es nach einer falschen Antwort in eine Sackgasse, um euphorisch bei korrekter Beantwortung in den nächsten Gang geführt zu werden. Am Ende warten Spielgeräte wie ein Fahrrad, bei dessen Nutzung verdeutlicht wird, welche Anstrengung nötig ist, um Energie zu produzieren.
Ein symbolisches Zurechtfinden im Labyrinth ist ein besonderes Naturerlebnis für Besucher jedes Alters. Geleitet von kinderfreundlich gestalteten Fragen und lebhaft kurz formulierten Erklärungen geht es um das eigene Bewusstsein. „Was verbraucht mehr Wasser? Duschen oder Baden?“ Es sind einprägsame, spielerisch angebrachte Denkanstöße und Tipps mit konkreten Handlungsimpulsen, was jeder individuell zur Verbesserung seiner persönlichen Ökobilanz beitragen kann.
Könnte man diesen einzigartigen ökologischen Lehrpfad von oben betrachten, dann wird klar, dass der Heckenirrgarten die Form eines riesigen menschlichen Fußes abbildet. Ein Fußabdruck, den jeder Einzelne von uns auf diesem Planeten hinterlässt. Der eine ist größer, der andere kleiner. Es sind die kleinen Schritte, die etwas Positives bewirken können. Erklärungen und Anregungen, um die eigene Achtsamkeit gegenüber unseren persönlichen Aktivitäten im Alltag zu schärfen, vermittelt jeder einzelne Weg durch das grüne Wirrwarr. Spannung, Spiel und so einige Aha-Momente warten garantiert auf jeden.
Der Fußabdruck an der Jugendsiedlung Hochland nahe Königsdorf ist Teil einer Umweltstation. Hier werden ökologische Zusammenhänge intensiv erfühlt, erlebt und erforscht. Ein Konzept der Kompetenzförderung für Kinder und Jugendliche, um die Zukunft nachhaltig und gemeinsam zu gestalten.

- Fußabdruck Königsdorf, Jugendsiedlung Hochland, Rothmühle, 82549 Königsdorf, www.fussabdruck-koenigsdorf.de
- ÖPNV: Bus 379, Haltestelle Rothmühle, Königsdorf

Findus-Füchschen bedankt sich b

105 Stufen ins Blickglück

21

Taubenberg Turm und Berggasthof Taubenberg

Gelassenes Mittelblau ist die vorherrschende Farbe, hat man die 105 Stufen des steinernen Turms erklommen. Hoch über den Baumwipfeln schweift der Blick ungehindert über die Bergwelt der bayerischen Voralpen. Auf einer Höhe von 895 Metern genießt man aus dem 30 Meter hohen, überdachten Aussichtsturm einen 360-Grad-Panoramablick. Spielt das Wetter mit, zeigt sich im Norden die Münchner Schotterebene bis hin auf die Landeshauptstadt und den Münchner Olympiaturm. Östlich werden die Salzburger Alpen von den Tegernseer Bergen im Süden abgelöst, bevor sich die Allgäuer Berge mit dem Ammergebirge anschließen. Lauschig ist es hier oben und schnell stellt sich das Gefühl ein, von der himmlischen Atmosphäre umarmt zu werden.
Ursprünglich war der Turm als Abschlussbauwerk der Kaltenbachquellfassung der Münchner Wasserwerke im Mangfalltal geplant. Da sich der Untergrund allerdings nicht für einen Turm eignete, erbaute man dort kurzerhand das Reisacher Wasserschlösschen. So ersetzte die steinerne Variante aus regionalem Tuffstein im Jahr 1910/11 einen hölzernen Aussichtsturm und thront seither hoch oben auf dem Taubenberg. Als Regensammler und Schneefang hat der kleine, frei stehende Berg eine große Bedeutung für die Wasserversorgung Münchens.
Beeindruckend ist der Aufstieg über zwei gegenläufige Wendeltreppen im Inneren. Eintritt kostet die Turmbesteigung nicht, nur ein Pfand ist zu hinterlegen, um den Schlüssel zu erhalten. Wandern ist für diesen Glücksort nicht zwingend nötig. Ein kurzer, nur 15-minütiger Spaziergang über einen Barfußpfad vom Berggasthof Taubenberg, an dem es den Schlüssel für den Wasserturm auszuleihen gilt, damit den himmlischen Träumen nichts im Wege steht.
Egal, ob mit Herzhaftem aus der Suppenküche, heißen Ofenkartoffeln oder hausgemachten Kuchen – bei einer Einkehr im Berggasthof bietet die Sonnenterrasse neben spielerischen Glücksmomenten für die kleinen Gäste auch einen wunderschönen Blick über Miesbachs Oberland.

TIPP

Ein abwechslungsreicher Rundweg verbindet Turm, Gaststätte und das Wallfahrtskirchlein Nüchternbrunn.

- Taubenberg Turm und Berggasthof Taubenberg, Taubenberg 1, 83627 Warngau, Tel. (01 77) 4 81 94 84, https://taubenberg.de
- ÖPNV: BRB RB 56, Haltestelle Bahnhof Warngau (Fußweg 10 Minuten)

Funkelnde Sterne

22 Blick in den Himmel im Planetarium Bad Tölz

Ganz langsam legt sich die schwarze Nacht an den schier alles umspannenden Himmel. Vorwitzig beginnen die ersten Sterne in der geheimnisvollen Ruhe zu funkeln. Leise surrt der original ZEISS-Projektor ZKP 1, während er auf die 6 Meter durchmessende Kuppel des Planetariums einen gestochen scharfen, naturgetreuen Sternenhimmel mit über 5000 Sternen zaubert. So funktioniert Beamen an jeden Ort der Welt, und das unabhängig von allen zeitlichen und witterungsbedingten Unwägbarkeiten.

Gemütlich in bequemen Kinosesseln und mit angenehmer Temperatur wandert der Blick bei heimeliger Atmosphäre hinauf in den Sternenhimmel. Wissenschaftliche Vorträge gibt es keine, dafür jede Menge Wissenswertes, Erstaunliches, Unglaubliches und sogar ein bisschen Ehrfurchteinflößendes aus unserer kosmischen Umgebung.

Einmal Milchstraße und zurück. Eine Zeitreise ins Jahr 2015 mit Blick in den kristallklaren Himmel von Neuseeland, um den fesselnden Kosmos ungestört zu genießen, funktioniert! Unterwegs mit dem Sternsimulator am Schlossplatz von Bad Tölz ist eine ganz reale und garantiert romantische Wunscherfüllung. Wünsche werden im Planetarium auch auf andere Art und Weise wahr. Ein besonderes Highlight sind Hochzeiten unterm Sternenzelt. Lesungen und Livekonzerte gehören ebenfalls zum Programm des kleinen Kulturzentrums, wie auch ganz reguläre Vorführungen, die immer samstags um 18 Uhr stattfinden.

Einzig „aus der Konserve" wird der Gast nichts erleben, denn alle Vorführungen werden live gesprochen und so werden auch individuelle Fragen der maximal 35 Zuschauer unter der Kuppel direkt beantwortet. Für 45 bis 60 Minuten lassen sich Erwachsene und Kinder ab 6 Jahre auf eine fantastische Entdeckerreise in die unendliche Weite des Weltalls entführen. Zum jährlich bundesweit stattfindenden Astronomietag im Frühling oder zu himmelstechnisch interessanten Ereignissen ist auch der Blick durch verschiedene Teleskope möglich. Hier ist allerdings das Wetter immer ein bisschen Glückssache.

TIPP

Gleich neben dem Sternsimulator befindet sich am Schlossplatz das Tölzer Marionettentheater.

● Planetarium der Stadt Bad Tölz, Am Schlossplatz 4, 83646 Bad Tölz, https://planetarium-toelz.de (Kartenreservierung Tölzer Stadtmuseum, Tel. (0 80 41) 7 93 51 56; Tourist-Info, Tel. (0 80 41) 78 67 15)

● ÖPNV: BOB, Haltestelle Bahnhof Bad Tölz

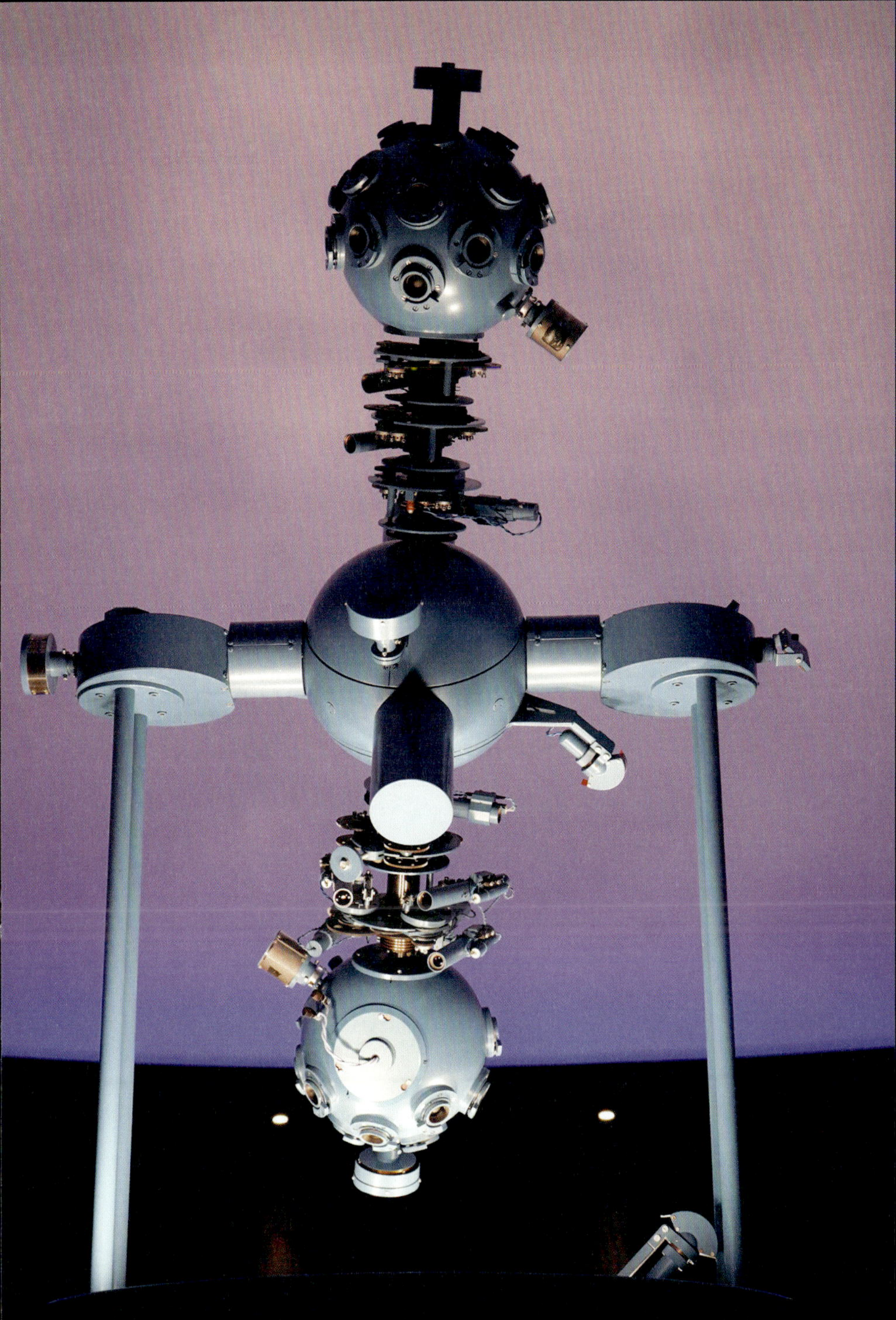

Köstliche Geheimnisse

23 Schokoladenmanufaktur Eybel in Waakirchen

Schwarz und genussvoll sind die Geheimnisse, die sich hinter einem Gitterwerk aus Stahl verbergen. Beim Liebhaber Sensorik-Tasting schiebt sich die speziell angefertigte Metallkonstruktion an die Seite und bietet tiefe Einblicke in die Welt der Schokolade.

Denn geht es um die „beste Schokolade", ist für den Chocolatier Andreas Eybel klar, „dafür braucht es hochwertigste Produkte und die erhält man nur, wenn sie auch liebevoll und nachhaltig produziert werden". Gemeinsam geht es auf die Suche nach DER Genussrevolution durch den mit einer riesigen Auswahl an schokoladigen Köstlichkeiten und Besonderheiten angefüllten Laden hinein zu einem ganz besonderen Wohlfühlplatz.

Dark Secret, so der Name des Cafés in der Waakirchner Schokoladenmanufaktur. Ein kurzer Blick in die gläserne Produktion und schon heißt es Platz nehmen, umgeben von üppig gedeihenden, großblättrigen Grünpflanzen, Bambus und exotischen Blüten. Eintauchen in eine Regenwald-Welt, die der entlang des Äquators ähnelt. Genau die Region, in der weltweit Kakaobohnen angebaut werden. Weich weht milder Kaffeeduft durch das einzigartige Raumkonzept, das aus der Feder des Chefs persönlich stammt. Architektonisch elegant umgesetzt, besticht die etwas erhöht liegende Lounge durch eine gemütliche Couch, Holzstämme dienen als Tische, dahinter eine lebende grüne Wand.

Das Wichtigste im Dark Secret ist die Schokolade, die in den vielfältigsten Variationen auf der Karte steht. Ob als heiße Trinkschokolade, beim „Schokodiving" mit süßen Früchten oder bunten Minimarshmallows oder als eine der täglich wechselnden Patisseriekostlichkeiten. Eine Verführung der Sinne.

So dreht sich in diesem kleinen, individuellen Café alles um die faszinierende Welt der Schokolade, die bei Eybel mit stets kreativen Ideen geheimnisvoll perfektioniert wird. Dark Secret eben, denn so heißt nicht nur das schokoverrückte Kaffeehaus, sondern auch die Premiumline der Schokoladenmanufaktur.

- Schokoladenmanufaktur Eybel und Café Dark Secret, Moosrainer Weg 2–6, 83666 Waakirchen, Tel. (0 80 21) 10 36, www.dark-secret.de
- ÖPNV: Bus 9557, Haltestelle Hauserdörfl Mariensteinerweg, Waakirchen (Fußweg 5 Minuten)

CACAO-TRACE

Wie in früherer Zeit

24 Gipfel des Glücks auf dem Ahornboden

Ein Sprichwort besagt: „Wer die Geschenke der Natur zu entdecken versteht, ist dem Glück auf der Spur." Wer im sanften Licht der aufgehenden Sonne den goldenen Schimmer der herbstlichen Ahornbäume betrachtet hat, weiß, wie wahr dieser Satz ist.
Nur eine einzige Straße führt tief hinein ins Karwendel. Von Bad Tölz kommend geht es vorbei am Sylvensteinsee und über eine Mautstraße ans hintere Ende des Rißtals. Hier grasen mitten im Naturpark Karwendel auf 1200 Meter Seehöhe gemütlich Kühe zwischen teils 700 Jahre alten Ahornbäumen. Seit über 1000 Jahren bewirtschaften Bauern auf der Engalm eines der schönsten Gebiete im Alpenraum. Die Milch der Kühe wird zu Käse verarbeitet und im kleinen Bauernladen verkauft. Der Blick in die Käserei ist ebenso möglich wie eine Nacht in der Almhütte. Bergromantik ist dabei inklusive und frische Almbuttermilch ist eigentlich ein Muss.

TIPP
Möglichst die Wochenenden und Ferien für einen Ausflug auf den Ahornboden meiden.

Verändert hat sich der Ahornboden in den letzten Jahrhunderten naturtechnisch kaum, auch wenn er sich einer wachsenden Beliebtheit bei Ausflüglern erfreut. Viele Wandertouren mit jedem erdenklichen Schwierigkeitsgrad für jeden Bergfex starten von der Hochalm. Ob gemütlich oder alpine knackige Gipfeltouren. Nicht selten heißt es in der Region Gämsen beobachten, den pfeifenden Murmeltieren lauschen oder verzückt die blühenden Talböden entdecken. Eines ist ganz typisch für das Naturschauspiel Ahornboden. Wer einmal hier war, der sucht diesen Zufluchtsort immer wieder auf. Es ist die wohltuende Atmosphäre von Ruhe und Erdung, die selbst in unserem schnelllebigen Dasein die Zeit stillstehen lässt.
Auf dem Weg ins Tal der Bergahorne befindet sich im 34-Einwohner-Dörfchen Hinterriß ein etwas anderes Museum. In futuristisch anmutender Betonarchitektur gibt es täglich außer dienstags im Naturparkhaus „Alpenwelt Karwendel" tiefe Einblicke in die Geschichte, Geologie, Flora und Fauna der Region.
Eines sei erwähnt: Die Mautstraße von Hinterriß in die Eng ist im Regelfall von Anfang Mai bis Ende Oktober geöffnet.

- Ahornboden mit Naturparkhaus Hinterriß, Hinterriß 4, A-6215 Vomp, Tel. (00 43) (0)52 45/2 89 14, www.karwendel.org/naturparkhaus/
- ÖPNV: Bergbus Eng, Haltestelle Eng, Endstation (Mai–Okt. Sa., So. und Feiertage 7-mal täglich sowie Mo.–Fr. 2-mal täglich von Lenggries)

Spannende Vergangenheit

25 Freilichtmuseum Glentleiten in Großweil

Der Ausblick auf den türkisgrünen Kochelsee von hier ist wirklich beeindruckend. Man steht auf einer kleinen Alm, umgeben von geschichtsträchtigen Anwesen. Gemütlich streift man durch 500 Jahre Zeitgeschichte zwischen historischen Gebäuden, alten Mühlen und über landwirtschaftlich genutzte Wiesen und Wälder. Links blöken die wolligen Schafe, während wilde Hühner und Gänse umherwuseln. Munter geht es bei vielen Vorführungen und Mitmachangeboten zu. Dabei heißt es nicht nur zuschauen, wie früher beispielsweise Wäsche gewaschen, Wolle gesponnen oder geköhlert wurde. Ausprobieren und mitwerkeln ist hier die kreative Devise. Wohin man schaut, glückliche Gesichter. Auch wenn das Leben wie anno dazumal ganz schön anstrengend ist, besonders wenn sich waschechte Museumsforscher auf die Spuren von Brotbacken, Töpfern oder Wollespinnen wie in alten Zeiten begeben, leuchten nicht nur Kinderaugen.

TIPP

Seit 1924 schmiegt sich das Walchenseekraftwerk an den Berg zwischen Kochelsee und Walchensee.

Es ist eine abwechslungsreiche Zeitreise, die nicht nur an speziellen Aktionstagen spannende Einblicke ermöglicht. Dabei ist ein Besuch der Glentleiten viel mehr als original erhaltene Gebäude, historische Gärten und Nutztierrassen sowie Vorführungen rund um damalige Berufe des vorindustriellen Lebens im ländlichen Oberbayern. Es ist ein inspirierender Ausflug, bei dem man viel über das Leben von der frühen Neuzeit bis in die Gegenwart erfährt. Oder würde man eine ehemalige Gasolin-Tankstelle erwarten, die ursprünglich direkt an der Deutschen Alpenstraße stand?

Für kulinarischen Genuss ist bestens in Biergarten und Gastschenke gesorgt.

Ein bisschen wie damals mit dem technischen Luxus von heute, so fühlt es sich an, erkunden Familien oder „Smartphone-Junkies“ per App die historischen Mühlen und Almen. Selbstverständlich geht es auch analog per Fotosafari oder Rätselbogen durch die Vergangenheit. Welche Form auch immer mehr Anklang findet, spielerisch lässt sich so bei einem spannenden Quiz wertvolles Wissen erwerben.

- Freilichtmuseum Glentleiten, An der Glentleiten 4, 82439 Großweil, Tel. (0 88 51) 18 50, www.glentleiten.de
- ÖPNV: Bus 9611, Haltestelle Rathaus Großweil (Fußweg 25 Minuten)

Tierische Zeitreise

26

Spaziergang zur Dachshöhle bei Bad Tölz

„Neugier ist der Schlüssel zum Glück." Stellt man Fragen zu faszinierenden Orten, wird man unweigerlich mit spannenden Geschichten konfrontiert. So begibt man sich durch die hügelige Landschaft des stark postglazial geprägten Isarwinkels. Der stufenweise zurückweichende Isar-Loisach-Gletscher hinterließ beeindruckend seine Spuren und modellierte eindrucksvolle Geotope. Eines findet man bei einem naturkundlichen Spaziergang über den Wackersberger Sonnenberg zu einem graugrünen Naturdenkmal.

Mystisch mutet die Felsformation an, die wie in den Berg gegraben wirkt. Eine tierische Behausung aber ist die Dachshöhle nicht, den gleichnamigen Vierbeiner wird man hier vergebens suchen. Stattdessen erblickt man eine geologische Besonderheit, ein natürlich entstandenes Amphitheater aus Nagelfluh. Hat es geregnet, plätschern kleine Rinnsale die faltigen Felsformationen hinab, die mit ihren 8 Meter Höhe einen wunderschönen Felsengarten bilden. Besonders in der kalten Jahreszeit geben Eiszapfen der Szene eine geheimnisvoll glitzernde Atmosphäre.

Vermutlich wurde die Auswitterungshöhle durch die Wucht eines heute versiegten Wasserfalls ausgewaschen. Wo genau sich der kleine Einbach, der oberhalb meist trocken liegt und gut 30 Meter unterhalb der Dachshöhle einen kleinen Quellaustritt hat, hindurchschlängelt, lässt sich nicht klären.

Von hier aus sprudelt er munter idyllisch durch ein grünes Meer von Bäumen, bevor er nach gut 2 Kilometern in den Isarstausee fließt. Bis dahin begleitet ihn streckenweise ein schmaler Pfad auf teils wurzlig federndem Untergrund. Durch den Wald spazieren ist Balsam für Körper und Seele. Bei jedem Schritt normalisiert sich der Herzschlag, bei jedem Atemzug kommt man zur Ruhe. So friedlich der Einbach anmutet, er kann auch ganz anders. Gerade im Frühjahr, wenn der Schnee langsam von den Berggipfeln schmilzt, wird klar, warum er an seinem Ende in einem hohen Betonbett unterwegs ist.

TIPP

Die besten Burger gibt es im mit Kastanien beschatteten Biergarten der Einbachmühle.

- Spaziergang zur Dachshöhle (Start am Wanderparkplatz Wackersberger Straße, Beschilderung Dachshöhle folgen), 83646 Wackersberg
- ÖPNV: Bus 9564, Haltestelle Forsthaus, Wackersberg

Heumilch glücklicher Kühe

27 Naturkäserei TegernseerLand in Kreuth

Kühe sind Frühaufsteher. Wenn hochwertige Produkte aus tagesfrischer Heumilch hergestellt werden, geschieht das deshalb in der Regel vormittags. Wer also die Schaukäserei in vollem Betrieb erleben möchte, kennt jetzt die Zeit, wann sich eine Führung oder ein individueller Rundgang in der Naturkäserei am meisten lohnt. Zugegeben, auch bei ruhender Anlage ist die Erklärung, wie Käseproduktion abläuft, sehr interessant, aber definitiv nicht so lebendig.
Käse ist bei Weitem nicht das Einzige, was ein gutes Dutzend Landwirte aus dem Tegernseer Tal als Genossenschaft seit 2007 produziert. Der Milchpreis war im freien Fall, internationale Großkonzerne hatten einen ganzen Berufsstand in der Hand und so entschied man, die Verantwortung für Qualität, Veredelung und Vermarktung der Milch selbst zu definieren.
Entstanden sind bodenständige, heimat- und naturverbundene Produkte, die von der Wiese auf den Tisch gelangen. Gerne steht dieser Tisch mit der passenden Brotzeit, hausgemachten Kuchen und typischen Gerichten aus der alpinen Region in der Gaststätte Zur Kaserei. Grundlage der Köstlichkeiten sind die Heumilchspezialitäten, die auch jederzeit im angrenzenden Kasereiladen zu einem geschmackvollen Einkaufserlebnis werden. Von frischer Bioheumilch über Joghurt, Butter bis hin zu all den köstlichen Käsesorten, die hier produziert werden.
Neben Milchspezialitäten finden sich hier auch Produkte der Werteproduzenten, eines Zusammenschlusses regionaler Produzenten der Alpenregion Tegernsee Schliersee. Aus Überzeugung werden Werte wie Regionalität und ressourcenschonendes, traditionelles Handwerk, Qualitätsansprüche und zukunftsorientiertes Handeln großgeschrieben. Werte, die man in frischen Bioprodukten schmeckt. Wie wäre es beispielsweise mit einem köstlichen Käseraclette mit Blick auf den Hirschberg und die Blauberge unter einem samtigen schwarzen Himmelsmeer, in dem Tausende Sterne schwimmen? Möglich macht diese romantische Idee „Zur Kaserei“.

- Naturkäserei TegernseerLand, Reißenbichlweg 1, 83708 Kreuth am Tegernsee, Tel. (0 80 22) 1 88 35 20, www.naturkaeserei.de
- ÖPNV: Bus 9566/9556, Haltestelle Oberhof Naturkäserei, Kreuth

Grüß Gott
Bitte max. 4 Personen Danke

Morgennebel über „Atlantis“

28

Sylvenstein-Stausee im Isartal

Nebel steigt wie Atemhauch in trägen Wirbeln aus dem Wasser des fjordartigen Stausees empor. Einzig ein Fischerboot gleitet geräuschlos dahin. Die aus der Nachtruhe erwachende Sonne verströmt weiches Licht und die Vögel stimmen einen ruhigen Gesang an. Langsam erwacht der Tag und gibt den Blick frei auf die weißen Berggipfel, die schroff hinter dem türkisblauen Sylvenstein aufragen. Wilde, unverbaute Landschaft sorgt fast für „Norwegen“-Stimmung.

Mystisch, denn unter der Wasseroberfläche verbirgt sich eine traurige Geschichte. Einst lag hier bis zum Jahre 1959 das kleine Örtchen Fall. Um die teilweise reißende Isar zum Schutz gegen Hochwasser und Dürrezeiten im oberen Isartal zu regulieren, wurde der 44 Meter hohe Sylvensteindamm erbaut und so ein künstlicher See angelegt. Positiver Nebeneffekt, ein Wasserkraftwerk produziert jährlich im Mittel 16,4 Millionen Kilowattstunden. Eine Menge, die etwa 4300 Haushalte mit Strom versorgen kann.

Der Ort Fall, in dem zahlreiche Prominente wie Ludwig Ganghofer, Ludwig Thoma oder Ludwig II. ihren Jagdurlaub verbrachten, musste weichen. Umgesiedelt und ein paar Hundert Meter weiter oberhalb neu erbaut, ist er heute ein Mythos. Die alte Kirchturmspitze ragt bei niedrigem Pegel aus dem Wasser. Die Erinnerungen bleiben und damit auch das Atlantis des Tölzer Landes.

TIPP

Optimale Zeiten für Sonnenaufgang oder -untergang liefern Wetter-apps auf dem Handy.

Es ist ein Ort zum Genießen. Hier kann man den Charakter des Moments spüren. Auf dem Weg von Lenggries Richtung Fall, die Staumauer bleibt links liegen, führt die Straße nach einigen Kilometern direkt vor der sanft geschwungenen Brücke an einen kleinen Parkplatz. 2 Minuten den Berg hinauf wartet eine hölzerne Bank. Eine Decke und die Thermoskanne, gefüllt mit heißem Kaffee, wärmen über die Kühle des startenden Tages hinweg. Besonders frühmorgens ist dies ein Platz, wo man sich in die Kraft der Ruhe sinken lassen kann.

Später heißt es in dieser traumhaften Umgebung: wandern, baden oder mit dem SUP die faszinierenden Farben des Sees erkunden.

● Sylvenstein-Stausee, Parkplatz an der Brücke, 83661 Lenggries-Fall

Bavarian Lieblinge

29 Liebling Manufaktur in Arzbach

Zwei recycelte Snowboards und eine hölzerne Bank unter einer mächtigen, alten Linde bilden den Eingang zu einem Ort, an dem man Geschichten lauschen, gemütlich einen Kaffee trinken, sich Rat holen und individuelle Lieblinge finden kann. In rustikalen und überwiegend gebrauchten Möbeln warten hauptsächlich bestechend schöne Janker, aber auch Funktionsjacken.

Schnell wird klar, die Macher hinter Liebling sind ein wenig anders gestrickt. Eine Eigenschaft, die sich in Schnitten, Materialien und der aufwendigen Verarbeitung der Produkte widerspiegelt. Hier gibt es keine Massenware, sondern echte Liebhaberstücke. Zeitlose Produkte mit Geschichte, die Werte transportieren und ein Lebensgefühl vermitteln, das tief in ihren Herzen verankert ist.

TIPP
Das Bauernhofeis am Beindlhof ist immer eine großartige Idee.

Wenn bei Liebling von Nachhaltigkeit und Qualität die Rede ist, erhalten die Wahl der Lammwolle, echte Hirschhornknöpfe und alle Zulieferer und Partner einen ganz besonderen Stellenwert. Dank der bayerischen Heimat als Inspirationsquelle entstehen abwechslungsreiche Kollektionen aus neu interpretierter Tracht und moderner Street-Art.

Alles wird selbst entworfen, produziert und vertrieben, und das mit nachhaltigen Naturmaterialien aus der Region. So lässt sich die Zukunft transparent gestalten. Gerade wenn es um Sinnhaftigkeit und nachhaltiges Handeln geht, kommt schnell die Frage auf, ob es immer gleich etwas Neues sein muss. Viele tragen ihre Lieblingsstücke tagein, tagaus. Da lässt es sich nicht vermeiden, dass dem Janker manchmal etwas zustößt. Fachliche Hilfe naht, denn auch Reparaturen, Knopfänderungen oder gar Sonderwünsche gehören zum weitreichenden Service.

Sollte ein Janker tatsächlich nicht mehr repariert werden können, haucht dem gespendeten Objekt eine Partnermanufaktur ein zweites Leben ein und wandelt das Kleidungsstück in ein neues Produkt um. Janker-Upcycling. Wirkungsvolle kleine Schritte, um Ressourcen zu sparen und umweltbewusst zu handeln.

- Liebling Manufaktur, Längentalstraße 19, 83646 Arzbach, Tel. (0 80 42) 5 64 06 90
https://liebling.cc
- ÖPNV: Bus 9564, Haltestelle Arzbach Kirche, Wackersberg (Fußweg 3 Minuten)

Genuss in Blau

30 Restaurant Haubentaucher in Rottach-Egern

Wer wissen möchte, wie pures Glück schmeckt, muss einen Logenplatz am türkisblau schimmernden Wasser aufsuchen. Vorzugsweise gegen Abend, wenn die untergehende Sonne den See in sanftes Licht hüllt und ganz langsam der Trubel des Tages in leisen, wohlverdienten Ruhezustand übergeht. Dann, wenn die Tagesausflügler langsam den Ort verlassen und es auf der hölzernen Terrasse stiller wird. Man könnte meinen, das frische Türkis des Sees und das gelassene Mittelblau des Himmels spiegeln sich in den samtig gemütlichen Kissen wider. Der orangefarbige Aperitif mit seinem leuchtend gelben Papierstrohhalm bildet den farblich gekonnten Kontrast.

Lässt man den Augen ihren freien Willen, schweifen sie fasziniert auf den im goldenen Licht der Sonne schimmernden Tegernsee und die schützenden Berggipfel auf der anderen Seeseite. Leise gleitet ein weißes Segelboot fast geräuschlos durch das Wasser und ein ganzer Pulk frecher Blesshühner dümpelt vergnügt durch die flachen Wellen. Ein Bild, das immer wieder verzaubert. Vielleicht noch ein selbst gebackenes Brot, Fenchelsalami oder vegetarisch mit Käse und Hummus – braucht der Mensch mehr? Wäre es jetzt Mittagszeit, würden wechselnde Tagesgerichte, mal Fisch, mal Fleisch oder auch Suppen, Salate und Pasta auf der Speisekarte stehen.

Jetzt steht dann doch eher das Vier-Gänge-Überraschungsmenü mit erlesener Weinbegleitung auf dem Programm. Es ist die schnörkellos einfache Geschmacksvielfalt, mit der Küchenchef Alois und sein Team kulinarische Gaumenfreuden entstehen lassen. Aus sorgfältig ausgewählten heimischen Produkten wird in seiner Küche vom Brot über Pasta bis hin zu außergewöhnlichen Kuchen alles selbst hergestellt.

Was sich am Himmelszelt wunderbar betrachten lässt, kann man im Haubentaucher kulinarisch genießen. Für Sternenglanz muss nicht zwingend das gediegene Ambiente herhalten. Charmant serviert sind die innovativen Überraschungsmenüs im kleinen hölzernen Bootshaus eine wirklich himmlische Offenbarung.

- Restaurant Haubentaucher, Seestraße 30, 83700 Rottach-Egern, Tel. (0 80 22) 6 61 57 04, www.haubentaucher-tegernsee.de
- ÖPNV: Bus 9566/9556, Haltestelle Seeforum, Rottach-Egern (Fußweg 8 Minuten)

Wellness am Wasserfall

31 Im Dorfbad Tannermühle in Bayrischzell

Manchmal brauchen Körper und Seele eine Auszeit. Momente der Entschleunigung, in denen Zeit zeitlos wird. Treffen dabei historische Atmosphäre und naturgewaltige Kulisse aufeinander, entsteht ein Gesamtkunstwerk für Genießer.
Abtauchen in eine längst vergangene Zeit. Beim Betreten der rund 300 Jahre alten Tannermühle duftet es nach Wald und Leder. Was nicht verwundert, stammt doch das verarbeitete Holz von alten Stadeln und wurde vorsichtig im Hitzeofen aufbereitet. Im Kaminzimmer, dem ursprünglich gestalteten Ruheraum, stehen gemütliche Ledersessel auf einem großen Kuhfell vor einer offenen Feuerstelle. Kuschelige Momente sind Programm, denn hier hat Wellness etwas ursprünglich Zeitloses. So werden die maximal 15 Gäste an diesem Erholungsort auch keine Uhr entdecken. Zeit spielt in der Tannermühle keine Rolle. Genuss hingegen gibt es dafür umso mehr. Aus der Altholz-Stadl-Sauna fällt der Blick auf das Herzstück des Dorfbades. Ungestüm plätschert das klare Bergwasser über den 8 Meter hohen Wasserfall und sprüht kalte Gischt auf die glücklichen Gesichter der beiden Gäste in den warmen Sprudelwannen direkt davor. Saunieren oder ein Wannenbad in dieser Kulisse zu erleben, das ist ein Traum.
Für eine Abkühlung bietet sich die Wasserfallgumpe als natürliches Tauchbecken an, bevor es auf der 150 Jahre alten Hobelbank entspannend für alle Muskeln wird. Umgebaut zu einer professionellen Massageliege ist es eine genussvolle Entschleunigungsidee.
Es verwundert nicht, dass die wildromantische Tannermühle eine bewegte Geschichte vorzuweisen hat. Lauscht man einer Volkssage, lebten zwei Eremiten im Jahr 1076 in einer Höhle neben dem Wasserfall. Eingebettet in der kleinen Klamm, die weiter emporsteigt, hinauf zum Wendelstein war die historische Mühle Heimat für Handwerker und Schauplatz diverser Filme. Es ist die Magie des Augenblickes in der Tannermühle. Ein Ort, in dem die Zeit stehen bleibt. Ein Ort wie vor 100 Jahren, ohne die Hektik von heute.

- Dorfbad Tannermühl, Tannermühlstraße 23, 83735 Bayrischzell, Tel. (01 72) 5 68 56 98, www.almbad.de/tannermuehl
- ÖPNV: BRB RB 55, Haltestelle Bahnhof Bayrischzell (Fußweg 8 Minuten)

Belebender Kaffeeduft

32

Erste Tegernseer Kaffeerösterei

Felix, der Name des Chefs und des Cafés ist Programm. Köstlich ist die Mischung aus duftendem Kaffee und warmer Atmosphäre, die unweigerlich ein Lächeln ins Gesicht zaubert. Eintreten, innehalten und wahre Glücksmomente genießen.

„Darf es eine Tasse Glück sein? Cappuccino, Latte, Kaffee?", lautet die freundliche Frage von hinter der professionellen Kaffeemaschine. Es ist das beliebteste Getränk der Deutschen. Heiß, schwarz und belebend soll er sein. Fauchend zischt der heiße Milchschaum in die Tasse. Dicht gefolgt vom weichen Aroma, welches der ihm folgende Espresso verströmt.

Ausführliche Antworten auf alle Fragen rund um den (außer)gewöhnlichen Genuss erläutern die Kaffee-Experten. Eine kleine Theorieeinheit über die menschlichen Geruchs- und Geschmackssinne und schon ist man mittendrin in einem der sinnlichen Kaffeeworkshops. Verkostet und als Filterkaffee zubereitet wird ausschließlich, was im Haus geröstet wird. Faszinierend, wie vollmundig, dunkelbeerig oder schokoladig mild die heiße Vielfalt schmecken kann. Einerseits ist es die Herausforderung, bei der Röstung optimal den Punkt zu erreichen, an dem sich die bis zu 1000 verschiedenen Aromen jeder Kaffeebohne vollends entwickelt haben. Doch auch die fachgerechte Zubereitung ist von großer Relevanz für den speziellen Charakter eines Kaffees. Auch das steht auf dem Lehrplan.

Tiefenentspannt und glücksbeseelt lohnen sich nicht nur nach einer Verkostung gemütliche Augenblicke in der Café & Espresso Bar. Sonnige Outdoorplätze und kuschelige Sitzmöglichkeiten an der großzügigen Fensterfront schenken Ausblicke auf den Wallberg. Legerer und gerne mit ein bisschen Fachsimpelei geht es an der Bar zu. Es sind die Worte des italienischen Philosophen Giacomo Leopardi, die hier präsent werden: „Die Welt gehört dem, der sie genießt"… und ist Genießen nicht der wirkungsvollste Weg zum Glück? In der Ersten Tegernseer Kaffeerösterei unweit des noblen Wellnesshotels Bachmaier Weissach hat genau dieses Glück einen Namen: Felix.

● Erste Tegernseer Kaffeerösterei, Tegernseer Straße 101, 83700 Rottach-Weißach, Tel. (0 80 22) 8 59 78 30, https://tegernseer-kaffeeroesterei.de

● ÖPNV: Bus 9559, Haltestelle Weißach Brücke, Kreuth

FELIXESPRESSOBAR
CAFÉ FELIX – ERSTE TEGERNSEER KAFFEERÖSTEREI IM HOTEL BACHMAIR
FORSCHUNGS-PROJEKT

Ein Hauch von Zauberberg

33 Auf den Spuren Thomas Manns durch Bad Tölz

Mit nostalgischem Blick über weite Wiesen und einen prominent stehenden Solitärbaum geht die wilde Fahrt den Berg hinab. Ob Thomas Mann auf einem Schlitten den verschneiten Kalvarienberg unweit der Leonhardikapelle hinabfuhr, ist nicht abschließend zu klären, doch er hatte ebendiesen Hügel vor Augen, als er um 1923 in seinem Zauberberg schrieb: „Statt der Sonne jedoch gab es Schnee, Schnee in Massen, so kolossal viel Schnee, wie Hans Castrop in seinem Leben noch nicht gesehen."

Zwingend Winter muss es nicht sein, um sich gemütlich auf einer Bank sitzend diese bunte Szenerie von damals vorzustellen. Der Schlittenberg ist einer von insgesamt elf Orten, die auf den Spuren Thomas Manns durch Bad Tölz führen. Frei erfunden sind selten Orte und Begebenheiten in seinen Büchern. So weht auf dem gemütlichen Spaziergang entlang des knapp 3 Kilometer Weges auch ein Hauch von Zauberberg mit.

Es waren die Gegensätze zu seiner Heimat Lübeck, die Mann während seines Urlaubs in der Region so verzauberten. Der Entschluss war gefasst und so ließ er 1908 für seine Familie ein Landhaus in Bad Tölz erbauen. Zu seinen Lebzeiten lag die liebevoll „Herrensitzchen" genannte Villa weit außerhalb des Ortes. Nicht nur die Alpen, auch die Isar und die Altstadt waren von hier gut sichtbar. Heute ist das Gebäude im Besitz des Ordens der Armen Schwestern und nicht mehr zu besichtigen. Ein Blick von außen aber ist Teil des Thomas-Mann-Rundweges.

Es sind besondere Plätze, verteilt in der gesamten Stadt, die schriftlich überliefert oder in literarische Werke eingegangen sind. Wer Manns Werke gelesen hat, findet sicher darin Bezugspunkte zum kleinen Café am Wald, dem Klammerweiher oder in seiner Novelle „Herr und Hund" die Café Pension Kogel.

Buchartige Stelen an den einzelnen Orten bieten weiter gehende Informationen. Zitate und kurze Textpassagen lassen eintauchen in eine längst vergangene Zeit. Wer ein bisschen Literatur schnuppern möchte, besucht das Thomas-Mann-Zimmer in der Stadtbibliothek.

● Thomas-Mann-Rundweg, Informationen bei der Tourist-Info, Max-Höfler-Platz 1, 83646 Bad Tölz, Tel. (0 80 41) 7 86 70, www.bad-toelz.de

THOMAS MANN
Weg
„Statt der Sonne jedoch gab es Schnee, Schnee in Massen, so kolossal viel Schnee, wie Hans Castorp in seinem Leben noch nicht gesehen."
QR-Code für weitere Informationen zu dieser Station

Lebensader Naturparadies

34

Sandbankidylle an der Isar

Meist rauscht sie sanft und türkisblau dahin, die Isar. Doch die indogermanische Bedeutung ihres Namens deutet schon an, dass die Reißende unberechenbar werden kann. Einer der Gründe, warum die Sandbänke im Isartal einem ständigen Wandel unterworfen sind.

Gemütlich windet sich der Fuß- und Radweg von Bad Tölz durch das Isartal Richtung Lenggries. Neben genussvollen Ausblicken auf die massiven Gipfel von Benediktenwand und Brauneck ermöglichen versteckte schmale Pfade regelmäßig den direkten Isarzugang. Wie kleine Inseln muten die Sandbänke inmitten der großen, rund geschliffenen Steine an. Orte zum Innehalten und Energietanken.

Eine interessante Vorstellung wäre es, könnte das Wasser Geschichten erzählen, was es auf seiner Reise seit der Quelle in Scharnitz bereits erlebt hat. Dort oben im Karwendelgebirge entspringt sie, und das im wahrsten Sinne des Wortes polarisierend. Rechtsdrehend ist die Eigenschaft manch durchsichtiger Materialien, welche die Polarisierungsrichtung des Lichtes drehen. Wasser aus der Isarquelle weist diese Rechtsdrehung auf wie eine von nur drei Quellen in Tirol. Farbenprächtig plätschert sie auf 295 Kilometern wie ein schillerndes Band durch Tirol und Bayern, um in der Nähe von Deggendorf in die Donau zu münden. Faszinierend schillert das Wasser im Tölzer Land in oftmals wunderschönen grünlichen Farben. Es ist das Zusammenspiel des hohen Kalkgehaltes im Wasser mit den Lichtreflexionen der Sonne.

TIPP

Am Amortplatz bietet das Café Love eine große Sonnenterrasse direkt an der Isar.

Unzählige Tierarten finden sich im Lebensraum Isar. Neben der Bach- und Regenbogenforelle tummeln sich Äsche, Bachsaibling, Barbe und Nase im Fluss. Neben der Fischpopulation findet die Vegetation auf den vielen Kiesbänken der Isar rasch Halt. Ob Thymian, seltene Tamarisken-Sträucher, lichte Kiefernwälder oder gar faszinierende Orchideen, die Isarauen bieten wunderbaren Lebensraum für Flora und Fauna.

Ein Naturerlebnis – ob bei einem Spaziergang, einer Radtour oder auf einer der weichen Sandbänke sitzend und die sprudelnden Lichtreflexe wirken lassend.

- Isar zwischen Bad Tölz und Lenggries
- ÖPNV: BOB, Haltestelle Bahnhof Lenggries

Villa Kunterbunt

35

Kiosk Café Osterseelchen in Iffeldorf

Ist das hier Schweden, dann ist das Osterseelchen die Villa Kunterbunt. Orangefarbige Liegestühle stehen, umgeben von bunten Stühlen und teils unkonventionellen Sitzgelegenheiten, verteilt in der Wiese. Man kann kaum glauben, dass sich der blaue Kiosk direkt an einem ziemlich hässlichen Wanderparkplatz befindet. Iffeldorf, das ist eine kleine Gemeinde, malerisch an Naturschutzgebiet und Badeseen gelegen. Typischer kann bayerisches Feeling kaum sein als die zwiebeltürmige Dorfkirche vor bezauberndem Alpenpanorama.

Auf dem Weg zu ebendiesen verträumten Moorlandschaften, sanft gewellten Hügeln und dem fast unverschämt blauen Wasser der Osterseen steht direkt am Parkplatz ein witziges grau-blaues Häuschen. Munter wuselt Annelie in ihrer schwarzen Schürze zwischen Tischen und Küche umher. Ein köstliches Stück selbst gebackener Kuchen hier, ein kurzer Plausch da und flink ist sie wieder mit der Zubereitung kleiner Leckereien beschäftigt.

TIPP

Ein Ausflug zur nur 10 Minuten entfernten Blauen Gumpe lohnt sich immer.

Was ursprünglich als Gemeinschaftsprojekt unter dem Namen „Seemadames“ gestartet ist, beglückt heute einen bunten Gästemix, wie er unterschiedlicher nicht sein könnte. Auf der Speisekarte landet, was Annelie gerade in den Sinn kommt. „Ob mediterran, orientalisch oder bodenständig bayerisch“, lacht sie, „Hauptsache kreativ inspiriert.“

Einen Gastraum gibt es im Inneren des Kiosks nicht. Der Platz reicht gerade mal für eine kleine Küche. So öffnet das Osterseelchen nur bei gutem Wetter am Wochenende ab 12 Uhr. Dann aber kann man hier den Picknickkorb auffüllen, um sich romantisch auf einer Wiese am Fohnsee niederzulassen. Alternativ wird es nach einem gemütlichen Spaziergang auf einem der farbenfrohen Sitzgelegenheiten gemütlich. Ins Gespräch kommt jeder schnell. Der unkonventionelle Kiosk ist ein Ort der Begegnung und Treffpunkt für alle Generationen. Auch wenn der Parkplatz direkt angrenzt, im Blick hat man die Autos nicht. Einen köstlichen Milchkaffee in der Hand schweift der Blick über weite Weiden Richtung idyllischem Alpenpanorama.

- Kiosk Café Osterseelchen, Angerstraße direkt am Wanderparkplatz, 82393 Iffeldorf, Tel. (01 79) 9 79 35 89, osterseelchen.de
- ÖPNV: RB 66, Haltestelle Bahnhof Iffeldorf (Fußweg 25 Minuten)

CHAI LATTE
MILCHKAFFEE
APEROL SPRITZ
DIES IST EIN GLÜCKLICHER ORT

Klare Wasseraugenblicke

36 Blaue Gumpe an den Osterseen in Iffeldorf

Wie bezaubernde Perlen an einer Schnur reihen sich märchenhafte Glücksorte rund um die Osterseen auf. Es sind Lieblingsplätze, um die Seele baumeln zu lassen. Blühende Moorwiesen, dramatisch wachsende Bäume, die weit über die Wasseroberfläche hinausragen, und immer wieder öffnet sich der genussvolle Ausblick in die Alpen. Eiszeitliche Spuren prägen diese Region. Deutlich wird das beim Blick in die Tiefen eines Quelltrichters. Fast schon mystisch mutet es an, durch das hell schimmernde blaue Wasser direkt auf den kristallklaren Grund zu blicken. Ein hölzerner Steg führt hinaus zur Blauen Gumpe, dem bekanntesten der zahlreichen Quelltöpfe.

Südlich des Starnberger Sees, im herrlichen Voralpenland unweit der Landeshauptstadt München, liegt diese fast verwunschen wirkende Landschaft. Die Osterseen, ein unter Naturschutz stehendes, einzigartiges Biotop. Ein ganzes Seengeflecht aus über 20 kleinen und größeren Seen hat die Würmeiszeit vor rund 17.000 Jahren hier hinterlassen. Diese Würmeiszeit, benannt nach dem Flüsschen Würm, erstreckte sich im Zeitraum von etwa 115.000 bis 10.000 Jahre v. Chr. über das Voralpenland. Eine Gletscherzunge des Isar-Loisach-Gletschers schob sich über Bad Tölz, Wolfratshausen bis nach Starnberg und zum Ammersee. Seine Hinterlassenschaften sind die wunderschönen Osterseen. Rund um die sogenannten Toteisseen lassen sich viele Libellen, Amphibien und Vögel beobachten. Auch seltene Blumen wie das Sumpf-Herzblatt und das sanft im Wind rauschende Schilf sind äußerst sehenswert.

TIPP

Der kleine Kiosk Osterseelchen direkt am Parkplatz verführt liebevoll alle Geschmackssinne.

Das Naturschutzgebiet Osterseen, ein Komplex aus Nieder- und Hochmooren, Wäldern und moorigen Seen, welches an vielen Stellen einen wundervollen Blick in die Gebirgskette der Alpen freigibt. Verständlich, dass das bayerische Umweltministerium dem Osterseengebiet bereits 2006 das Gütesiegel „Bayerns schönste Geotope“ ausstellte.

An welcher Stelle man auch immer die Osterseen genießt, es sind wunderschöne Kraftorte, die Glücksmomente erleben lassen.

- Osterseen Iffeldorf, Wanderparkplatz Jägerstraße, 82393 Iffeldorf
- ÖPNV: RB 66, Haltestelle Bahnhof Iffeldorf (Fußweg 25 Minuten)

Schwebende Auszeit

37

Im Heißluftballon über dem Oberland

Sanft und ganz leise hebt er ab. Einzig das Fauchen des Gasbrenners stört die himmlische Ruhe. Majestätisch gleitet der rote Ballon in einem weiß-blauen Luftmeer über dem Tölzer Land. Fliegen, ein wahrgewordener Menschheitstraum! Amüsant dabei, Heißluftballone fliegen nicht, sie fahren. Die Erklärung dafür ist in der Physik begründet. Denn die heiße Ballonhülle ist leichter als die Luft außerhalb. Nur Luftfahrzeuge, die schwerer als Luft sind, können fliegen und lassen sich steuern.

Sanft gleitet der Heißluftballon fast lautlos durch die Lüfte. Es sind die atemberaubenden Ausblicke und das berauschende Gefühl, über einer Spielzeugwelt zu schweben. So liegt das Tölzer Land zu Füßen aller, die in dem geflochtenen Korb stehen. Aussicht, Weitblick und das Gefühl von grenzenloser Freiheit sind einfach faszinierend. Verständlich und nachvollziehbar, warum eine Fahrt im Ballon von jeher die Menschen begeistert hat.

TIPP

Auch im Winter muss niemand frieren, der Brenner sorgt für Wärme.

Auch wenn die ersten Himmelslaternen bereits im 2. und 3. Jahrhundert in China mittels Kerzen in den Himmel stiegen, bis zur ersten bemannten Ballonfahrt dauerte es noch bis zum 21. November 1783. Dank des von den Gebrüdern Montgolfier entwickelten Ballons überquerten die beiden Adeligen, der Marquis de Arlange und der Comté de Rochfourt, auf ihrer 8 Kilometer langen Reise das Schloss Versailles.

Auch ohne Schloss ist der Blick aus der Vogelperspektive zu jeder Jahreszeit ein beeindruckendes und einzigartiges Erlebnis. Ruhig und klar glitzert das leicht Bläuliche des schier unaufdringlichen Winterwonderlands bei Schnee. Schwärmerisch schenken kostbare Momente über zartem Grün einen besonderen Zauber des Erwachens in Frühling und Sommer, bis der Herbst wahre Farbexplosionen in erdigen Tönen bereithält. Ein Feuerwerk für alle Sinne, egal wann und wo.

Apropos wo. Wohin die Fahrt führt, entscheidet allein der Wind. Dauer und ganz grobe Richtung hängen von Startplatz und Thermik ab.

- Ballonfahrten Oberland, Tel. (01 76) 65 00 02 47 (unterschiedliche Startplätze)

Bauernleben anno dazumal

38

Markus Wasmeier Freilichtmuseum in Neuhaus

Es ist dieser wohlig modrige Geruch, dazu die warmen dunklen Ecken und außerdem die Situation, lieber den Kopf einzuziehen, um schmerzhaften Begegnungen mit dem Türstock zu entgehen, der alten Bauernhäusern einen ganz eigenen Charme verleiht. Zugegeben, eine große Portion Nostalgie schwingt mit, lässt man ein altbayerisches Dorf genussvoll auf alle Sinne wirken.

Altbayerisch und Genuss sind im Bauernhofmuseum von Skilegende Markus Wasmeier wörtlich zu nehmen. Zehn historische Gebäude wurden Balken für Balken an ihrem Standort im Oberland abgetragen und liebevoll am Schliersee zu einem eigenen kleinen Dorf zusammengebaut. Idyllisch fügen sich zumeist Bauernhäuser, aber auch ein Kircherl in die 6 Hektar atemberaubend schöner Landschaft ein. Hühner und Gänse flitzen pickend über die Wiesen um die filigranen Holzzäune der Nutzgärten herum. Die klare Bergluft ist erfüllt vom Summen der fleißigen Bienen, was weder die Bergschafe, Rinder und erst recht nicht die beiden Schweine stört. Es sind zumeist alte Haustierrassen, die zum Teil sogar vom Aussterben bedroht sind. Bunt geht es in den Bauerngärten zu. Alte Kulturpflanzen, Alpenkräuter und verschiedene Gemüsesorten geben Einblick in die Nutzung längst vergangener Zeit. So wunderschön optisch alles anmutet, das Museum vermittelt eindrucksvoll traditionell Nützliches und kulturell Wissenswertes. Auch das Gefühl, wie beschwerlich das Landleben zu Zeiten der Selbstversorgung oftmals war, kommt nicht zu kurz.

TIPP

Neben alten Samen hält der Shop Museumsprodukte wie hier gebrautes Bier für „dahoam" bereit.

Längst vergessenes Brauchtum und so manche Bauernweisheit werden im Museumsdorf wiedererweckt. Rekonstruiert, bewirtschaftet und mit Leben erfüllt sind viele Orte. So lässt sich der Schmied ebenso bei seiner schweißtreibenden Arbeit über die Schulter schauen wie die Schnapsbrenner, Brauer, Bäcker oder Metzger. Viele Erlebnismöglichkeiten stehen auch zur Selbsterfahrung auf dem Programm.

Dem kulinarischen Genuss steht beim „Biergarteln" an der historischen Kegelbahn oder im dorfeigenen Wirtshaus Zum Wofen nichts im Wege.

- Markus Wasmeier Freilichtmuseum, Brunnbichl 5, 83727 Schliersee-Neuhaus, Tel. (0 80 26) 92 92 20, www.wasmeier.de
- ÖPNV: RBR RB 55, Haltestelle Bahnhof Fischhausen-Neuhaus

Jakobsleiter

Happy in der Jurte

39 Ding Dong Gartenlokal am Blomberg in Bad Tölz

Etwas Besonderes, ein bisschen verrückt und einfach anders. Es gibt Orte, die lassen sich nicht beschreiben und erst recht nicht in ein Schema pressen. So wie das Ding Dong Gartenlokal. So außergewöhnlich der Ort, so unkonventionell auch der Gastgeber. Eine gemütliche Bretterbude mit großem Loch in der Decke bietet ungehindert freien Blick auf den Sternenhimmel. In der Vertiefung im Boden lodert prasselnd ein Lagerfeuer, während Bastian mit selbst gemachtem Glühwein in der Hand von seinen Visionen erzählt.

Um es genauer einordnen zu können: Wir sitzen in einer kleinen Senke am Fuße des Blombergs. Ehemals gehörte der gemütliche Biergarten mit seinen bunten tibetanischen Gebetsfahnen, den verschiedenen Sitzmöglichkeiten und den beiden großen Lagerfeuerstellen zur Krapfenhütte. Hütte und Biergarten gibt es noch, ihre Nutzung aber ist eine neue. Ein Besuch ist zu jeder Jahreszeit ein mit Glücksmomenten gefülltes Erlebnis. Livemusik kann man im Sommer in einem marokkanischen Zelt lauschen, während der Winter mit Lagerfeueratmosphäre in der Hütte lockt. Eine Auszeit der besonderen Art ist es immer. Denn auch das Publikum ist einfach entspannt.

„Das Ding Dong steht für regionale, einfache und ehrliche Produkte", sagt Bastian und ist bereits wieder in der Küche verschwunden. Überbackene Vinschgerl mit selbst gemachter Kräuterbutter und Karotten-Krautsalat bringt er inklusive eines frisch gezapften Biers mit. Auf der Karte steht, wonach dem gelernten Koch mit viel Auslandserfahrung gerade ist. Und so kommt aus dem gemauerten Holzofen neben duftendem Brot auch mal Pizza oder Dünnele.

Auf der Wiese nebenan, an der gemütlich ein Bächlein vorbeiplätschert, entsteht gerade eine neue Zunkunftsidee. Zurück zur Natur ist die Devise des außergewöhnlichen Erlebnisdorfes. Fünf wetterfeste Jurten gruppieren sich um ein knisterndes Lagerfeuer und machen Lust auf ein Rundumabenteuer für Familien, romantische Abende für Pärchen und auch Team-Building-Ideen schwirren schon durch die Luft.

● Ding Dong Gartenlokal, Stallau 152, 83646 Wackersberg, Tel. (01 78) 3 83 15 76
https://dingdong-gartenlokal.business.site
● ÖPNV: Bus 9612, Haltestelle Am Blomberg

KUSCHELECKE

Bierparadies im Oberland

40

Zapferei am Hoppebräu mit Biergarten

Ungewohntes probieren und Neues zulassen. So erzählt sich die Entstehungsgeschichte einer ehemaligen „Kuckucksbrauerei“ bis in die eigenen vier Wände, in Waakirchen. Ausschließlich Handwerker der Region bauten am hellen Holzhaus, das sich als perfekte Mischung aus urigem Oberbayerncharme und moderner Architektur entpuppt. Hoppebräu, der Genuss-Hotspot im bayerischen Oberland. Besonders ins Auge fällt die modern lässige Bar mit ihren elf Zapfhähnen. Warum elf Zapfhähne? Finde es bei einem Besuch heraus!

So gemütlich es drinnen auch ist, wenn die Sonne scheint, ist Biergartenzeit. Mit freiem Blick auf die umliegenden Felder, Wiesen und Berge. Wer mag, bringt sich nach alter Tradition sein Essen mit in den Biergarten. Ob klassisch zum Essen am Tisch oder doch lieber chillig in einem der Liegestühle. Übersichtlich und klein ist sie gehalten, die Speisekarte. Ganz nach dem Motto „Weniger ist mehr“ geht es in der Hoppebräu Zapferei regional und transparent zu. Handgemacht, beste Qualität und kreativ wechselnde warme Gerichte werden angeboten. Zusätzlich kann man sich verschiedene Aufstriche auf hauseigenem Bierbrot schmecken lassen.

TIPP
Bei einer Führung kann man viel über die Herstellung des sehr komplexen Getränks Bier lernen.

Bayerisch regional heißt aber nicht, dass nicht auch ein australisch angehauchter Burger, Onionringe oder Pommes auf der Karte stehen dürfen. „Vogelwuid“ ist dabei nicht nur die Currywurst von der „Wuidsau“. Neben Bierklassikern gibt es einiges, was nicht Mainstream ist, polarisiert und damit besonderen Charakter zeigt. Teilweise fruchtig frische Trinkerlebnisse bieten die kreativen Craftbiere, die gerne auch mal holundrig, beerig oder einfach „vogelwuid“ schmecken.

Glücksmomente bei einem Ausflug in den sonnigen Biergarten spüren oder einen regnerischen Sonntagnachmittag zum Schafkopfen mit den Spezln in der Bar verbringen. Die Hoppebräu Zapferei ist ein cooler Geheimtipp in Sachen Ausflugsziele fürs bayerische Voralpenland.

- Zapferei am Hoppebräu, Tölzer Straße 37, 83666 Waakirchen, Tel. Brauerei (0 80 21) 5 07 71 43, Tel. Zapferei (0 80 21) 9 01 39 77 www.hoppebraeu.de
- ÖPNV: Bus 9557, Haltestelle Apotheke, Waakirchen (Fußweg 3 Minuten)

ZAPFEREI

Unterwegs im Bücherhimmel

41 Klosterladen im Kloster Benediktbeuern

Verstaubt ist er ganz sicher nicht, dafür vielfältig und inspirierend. Drei Stufen geht es hinunter ins historische Gewölbe direkt neben der Basilika im Innenhof des Klosters Benediktbeuern.
Die handverlesene Auswahl besonderer klösterlicher, spiritueller, aber auch nachhaltiger Bücher und Produkte machen diesen Ort zu einem Glücksort. Wärme und Herzlichkeit strahlt die kleine Fachbuchhandlung aus. Ausgiebig in unterschiedlichsten Themen schmökern und auch Dinge finden, die man sonst nirgendwo bekommt. Nachhaltig und regional wird man hier bei leckerem Klosterbier oder ausgesuchten Gewürzen fündig. Gewürze, die im liebevoll angelegten Heilkräutergarten in einer Kräuterspirale gedeihen.
Wissenswertes über ausgewählte Pflanzen, ihre Entwicklungsgeschichte und ihre Systematik im Pflanzenreich werden im Maierhof vermittelt. Barrierefrei mit Handlauf und mit kleinen Braille-Schriftzeichen verfasste Informationstafeln. Der Kaffee steht duftend auf einem der hölzernen Tische im Garten und der hausgebackene Kuchen schmeckt hier einfach immer köstlich. In direkter Nachbarschaft gewährt die ehemalige Fraunhofer Glashütte Einblicke in die moderne optische Glasfabrikation, wo von 1807 bis 1819 Geräte zur Landvermessung, Fernrohre und Mikroskope hergestellt wurden. Umgehend wird man zurückversetzt in die Vergangenheit, die teilweise alles andere als beschaulich war, da die Klostergebäude 1819 in Staatsbesitz übergingen und unter anderem als Kaserne, Invalidenheim, Genesungsheim und Gefängnis dienten.
Wesentlich angenehmer ist es im Jetzt auf einer Bank inmitten des Meditationsgartens. Angelegt in Form eines Labyrinths spiegelt er den Weg des Lebens wider. Das Ziel vor Augen nimmt das Leben einen Abzweig, Richtungsänderungen führen weg vom eigentlichen Plan und doch kommt man an. Umgeben von Grün sorgt genau diese Struktur für Balance und entsorgt den Alltagsstress. Ruhe und Glücksgefühle bahnen sich ihren Weg tief ins Innere.

TIPP

Wunderschöne Erlebnispfade rund um das Kloster laden zu gemütlichen Spaziergängen ein.

- Kloster Benediktbeuern, Don-Bosco-Straße 1, 83671 Benediktbeuern, Tel. (0 88 57) 8 80
- ÖPNV: RB 66, Haltestelle Bahnhof Benediktbeuern

Gutes
7 Minuten
Räucher
genuss
Atempausen
für jeden Tag
COPPER LUXURY
DUFT
ZAUBER
Lichtflasche

Heiße Wassermomente

42 Kristall Therme am Kochelsee

Eine „Pausetaste“ für den Alltag. Eintauchen in wohlig warme Wasserwelten, umgeben von ruhigen Klängen und stimmungsvollem Licht bahnen sich Ruhe und Entspannung schnell ihren Weg. Sanft umsprudelt warme Sole aus Massagedüsen und Sprudelsitzen den Körper, während die Gedanken auf Auszeitkurs sind. Das Thermalwasser enthält wohltuende Inhaltsstoffe, um müde Muskeln wieder wach zu machen. Ob bei einem Cocktail an der Poolbar, plätschernd im Kristallwasser oder bei einem heißen Saunagang, atemberaubend ist der Panoramablick auf die Berggipfel von Heimgarten und Herzogstand, die sich felsig über dem Kochelsee abzeichnen. So ergibt es allein schon wegen dieser geografischen Lage Sinn, dass Glas neben Wasser das vorherrschende Element im Thermalsolebad ist.

TIPP

Die Therme ist ein perfekter Tagesausklang nach einem erlebnisreichen Aktivtag im Zwei-Seen-Land.

Eine Duftmischung aus zitronigen Salzmomenten verbindet sich mit kräutrigen Honigaspekten in der großzügigen Saunawelt. Stimmungsvoll werden die Aufgüsse zelebriert, während man in Wärme und Geborgenheit schwelgt. Ob Saunaneuling oder Profi-Saunafreund, von 70 Grad Celsius bis 95 Grad Celsius ist für jeden die passende Temperatur für heiße Momente dabei. Es ist Urlaub für Körper und Geist und auch die Augen kommen im liebevoll angelegten Außenbereich nicht zu kurz. Unter freiem Himmel schenkt ein 12-prozenthaltiges Solebecken schwebende Momente unter freiem Himmel. Alternativ gibt das 36 Grad Celsius warme Außenbecken hoch über dem See, den Blick in die untergehende Sonne oder den glitzernden Sternenhimmel frei. Ein Gefühl puren Glücks, sich in den unendlichen Weiten des Universums zu verlieren. Nach erholsamen Auszeiten zwischen Wasser und Sauna lässt sich auch der Magen mit leichten Snacks aus erstklassiger Küche verwöhnen. Die Tageszeit spielt dabei keine Rolle und so hat der kleine Hunger vom Frühstück bis zur Abendkarte keine Chance. So schön die Therme für Romantiker ist, auch die kleinsten Wasserratten finden im Vital- und Freizeitbereich jede Menge wohltemperierten Wasserspaß.

● Kristall Therme, Seeweg 2, 82431 Kochel am See, Tel. (0 88 51) 53 00
https://kristall-trimini.de
● ÖPNV: RB 66, Haltestelle Bahnhof Kochel (Fußweg 20 Minuten)

Heilig. Bayerisch.

43

Kalvarienberg in Lenggries

Er ist der älteste Kalvarienberg im Isartal und gehört damit zu den ältesten Andachtsstätten im deutschsprachigen Raum. Dabei steht er kaum im öffentlichen Fokus. So prominent und weithin sichtbar das Tölzer Wahrzeichen, so gut versteckt sich sein historisches Vorbild in Lenggries. Eng ist seine Geschichte mit der in unmittelbarer Nachbarschaft liegenden Hohenburg verknüpft. Bereits im ausgehenden 17. Jahrhundert erbaut von Graf Ferdinand Joseph von Herwarth, dem Schlossherrn auf Hohenburg.

Über 200 steile Stufen geht es kunstvoll symmetrisch die angelegten Steintreppen hinauf, bevor der Blick achtsam auf ein barockes Kleinod fällt. Der Weg führt entlang eines Ensembles aus Kreuzwegstationen. Regelmäßig den Blick zu wenden lohnt, langsam wird Lenggries im Tal vor dem prominent aufragenden Brauneck immer kleiner. Ein himmlischer Blick, auf den sich besonders in der Karwoche zahlreiche Gläubige, die zur Andachts- und Wallfahrtsstätte pilgern, wahrscheinlich weniger fokussieren. Zwei Kapellen, eine 1665 in Kupfer getriebene überlebensgroße Kreuzigungsgruppe, von der heute noch Maria und Johannes erhalten sind, sowie das Benefiziatenhaus befinden sich am Gipfel.

TIPP

Vegetarisch-vegan genießen im Hirschbach Stüberl im bilderbuchbayerischen Lenggries.

Verwundert steht man an der „Heiligen Stiege" in der Heilig-Kreuz-Kapelle vor einer Nachbildung der berühmten „Scala Santa" in Rom. Eindrucksvoll erzählen die zahlreichen Votivbilder vom gefahrvollen Leben früherer Tage im Voralpenland. Neben kleinen Gemälden als Dank oder Bittgebet bei Seuchen, Unfällen bei Waldarbeit und Hausbau erinnern Motive auch an die Sendlinger Mordweihnacht 1705.

Windgeschützt und sonnenverwöhnt bieten hölzerne Bänke Platz, um mit offenen Augen zu träumen. Den Blick schweifen lassen und dabei Anregungen sammeln, um Positives für die eigene Lebensherausforderung von diesem Ort mitzunehmen.

Hinab geht es auf der hinteren Seite des Bichls. An der Mädchenrealschule Hohenburg führt ein kurzer Spazierweg vorbei am Schlossweiher über den Panoramaweg zurück an den Ausgangspunkt.

- Kalvarienberg Lenggries, Karwendelstraße/Hohenburgstraße, 83661 Lenggries
- ÖPNV: BRB RB 56, Haltestelle Bahnhof Lenggries, dann Fußweg 20 Minuten oder Bus 9564, Haltestelle Hohenburg Schule, Lenggries

Glück zum Schlecken

44 Eisiger Genuss auf dem Beindlhof in Arzbach

Im Ohr die leise bimmelnden Kuhglocken, während der Blick über weidegrüne Wiesen bis hin zu den massiven Gipfeln von Brauneck und Benediktenwand schweift. Das ist die exponierte Lage des einsam gelegenen 400 Jahre alten Beindlhofs. Nur über einen kleinen Wiesenweg erreicht man das Schlaraffenland zum Dahinschmelzen der Familie Kniegl.

„A bissal mehra Muich und Sahne, a bissal mehra Frucht und ganz vui Herz", so lautet das Geheimrezept, wenn Monika Kniegl die frisch gemolkene Biomilch ihrer 20 Kühe kühl zu Eis verarbeitet. Aus ursprünglich drei Sorten hat die Eiskünstlerin im Laufe der Jahre über 100 Variationen entwickelt. Exotisch klingen die Namen wie Toffee-Alpensalz, Rhabarber-Ingwer, Cheesecake oder Rosmarin- und Kürbiskernöl-Eis.

Die wahren Geschmacksexplosionen werden verfeinert mit besten Zutaten, die der Hof an ungespritzten Früchten und Kräutern bereithält. Was der Hof nicht produziert, wird naturbelassen hauptsächlich aus der Region bezogen. Künstliche Bindemittel, Aromen, Farbstoffe oder Konservierungsmittel finden keinen Weg in das Bauernhofeis. Und das schmeckt man.

Ein kleines Häuschen auf dem Beindlhof ist die Eis-Schlemmer-Station. Hier wird produziert. Gleichzeitig stehen zwei Kühltruhen bereit, damit jeder Eisliebhaber von Sonnenaufgang bis Sonnenuntergang, sieben Tage die Woche, 365 Tage im Jahr mit Blick auf das traumhafte Alpenpanorama Glück schlecken kann. Gemütliche Bänke laden zum Verweilen ein. Fast alleine ist man an einer kleinen Kapelle, die nur ein paar Schritte vom Hof entfernt einsam auf einer Wiese steht.

Viele wunderschöne Wanderungen für die Seele im Isartal lassen sich mit einem Besuch im Eisparadies verbinden. Vorbei an der Pestkapelle in Wackersberg und zurück über den Isarwanderweg nach Bad Tölz. Genuss für figurbewusste Schleckermäulchen.

- Eismanufaktur Beindlhof, Beindlhof 1, 83646 Wackersberg/Arzbach, Tel. (0 80 41) 7 93 28 59, beindlhof.de
- ÖPNV: Bus 9564, Haltestelle Arzbach Kramerwirt, Wackersberg (Fußweg 20 Minuten)

Beindlhof
Passts auf Eich auf!
Bitte
nur 1 Person
1,5m Abstand
Mundschutz

Zero Waste macht happy

45

Plastikfrei einkaufen im Ois Ohne in Bad Tölz

Ein kurzer Plausch mit dem Marktstandbetreiber, ein freundliches Lächeln, während regional produziertes Gemüse, Bergkäse und Bauernbrot den Weg in den Einkaufskorb finden. Gesunde Lebensmittel, die dank Produktion vor der eigenen Haustür nur einen kleinen CO_2-Fußabdruck liefern. Wie passend da doch der afrikanische Spruch ist, der sagt: „Viele kleine Leute an vielen kleinen Orten, die viele kleine Dinge tun, können das Gesicht dieser Welt verändern."

Einer dieser Orte ist sicher das obere Ende der historischen Marktstraße von Bad Tölz. Hier verführt der wöchentliche Bauernmarkt zum Probieren, Kosten und nachhaltigen Einkaufen. Geschmacklich ist das eine ganz andere Liga und allein die Art des Miteinanders an den heimischen Ständen verbindet Seelennahrung mit köstlichen Lebensmitteln.

TIPP
Jeden Mi. und Fr. von 8 bis 13 Uhr findet der Wochen- und Bauernmarkt in der Marktstraße statt.

Unverpackt einkaufen liegt im Trend, was nicht verwundert. Bei einem Pro-Kopf-Verbrauch von jährlich 220 Kilo Plastik ist Umdenken angesagt. Wahrlich Grund zur Freude macht der Titel des Plastikmüll-Europameisters nicht. Dabei fühlt es sich richtig gut an, kommt man mit nichts als den gewünschten Produkten nach Hause. Verzicht kann so einfach sein und glücklich machen. Alles für den täglichen Bedarf bekommt man im genossenschaftlich organisierten verpackungsfreien Supermarkt. Ois Ohne – der erste Laden seiner Art im Oberland ist die perfekte Bauernmarktergänzung. Hier reicht die Produktpalette von regionalen Biolebensmitteln bis hin zu Kosmetika oder Büroartikeln.

Eine kurze Pause im angeschlossenen Café bietet sich für ein hausgemachtes vegetarisches Mittagessen ebenso an wie Glücksmomente bei Kaffee nd Kuchen. Gemütlich unter den rosa Schirmen auf der kleinen Terrasse vor dem Laden genießen. Einfach schön. Alternativ lässt sich auch wunderbar das eigene Wissen in Sachen Umweltthemen vertiefen. In regelmäßigen Abständen finden in gemütlichem Ambiente Vorträge und Workshops statt. Eben regional, nachhaltig und miteinander.

- Unverpacktladen Ois Ohne, Hindenburgstraße 11, 83646 Bad Tölz, Tel. (0 80 41) 7 94 04 04, https://ois-ohne.de
- ÖPNV: BRB RB 56, Haltestelle Bahnhof Bad Tölz (Fußweg 15 Minuten)

BIO Kümmel
Bio Koriander gem.

Leichtigkeit des Seins

46 Auszeit im KlosterGut Schlehdorf

Das Loisachtal ist Klosterland. Mächtig erhebt sich die alte Benediktinerabtei inmitten ihrer weitreichenden Ländereien vor den schroffen Felsen der Benediktenwand in Benediktbeuern. Fast in Sichtweite ist das vermutlich von Bonifatius geweihte Kloster Schlehdorf. Hinter den mächtigen Klostermauern, zwischen einer zauberhaften Moorlandschaft und dem Kochelsee, liegt das KlosterGut Schlehdorf.
Ein grünes Wunder im blauen Land. Im ehemaligen Klostergarten ist heute ein Naturgarten mit Kräutern, eigener Imkerei und Biogemüsegärtnerei ansässig. Auf 50 Hektar entwickelt sich hier ein regionales Wirtschaftsmodell, welches auf sozialökologische, ökonomische und solidarische Landwirtschaft setzt.
Im gutseigenen Hofladen mit seinem gemütlichen Hofcafé werden die eigenen Produkte verkauft. Je nach Saison variiert das Sortiment. Der auf einer Tafel zu lesende Spruch „Begrenztheit ist die Basis von wahrem Luxus“, von André Wilkens treffend bemerkt, ist ein wunderschönes und passendes Statement. Es ist ein Glücksort, denn die besondere Atmosphäre des Klostergutes ist wie eine kleine Insel, um im Sturm des Konsums innezuhalten und sich zu erden.
Glücklich kann sich schätzen, wer in dieser Umgebung ein paar Tage abschalten und seinen Urlaub genießen kann. Drei Stellplätze für Camper mit allem, was man so benötigt, sind ebenso vorhanden wie Zimmer in der Herberge. Ein Platz im Grünen, wie geschaffen für Seminare und Gruppen.
Das KlosterGut Schlehdorf ist ein Ort für Naturerfahrungen, Begegnungen und Gemeinschaftserlebnisse. So bieten sich viele Erlebnisfelder wie die Islandpferde, Kräuterpädagogik oder die Alpakas auch für Schulklassen an. Ein idealer Ausgangsort für kleine Auszeiten. Nette Nachbarn inklusive, denn überall wuseln Hühner, Enten und Gänse zwischen zwei Hunden und einigen Katzen umher. Die wollig blökenden Schafe und schick frisierten Alpakas nicht zu vergessen.

- KlosterGut Schlehdorf, Kirchstraße 15, 82444 Schlehdorf, Tel. (0 88 51) 9 29 19 80 https://klostergut-schlehdorf.de
- ÖPNV: Bus 9613 ab Kochel, Haltestelle Schlehdorf (Fußweg 7 Minuten)

Biergarten

Unikate per Siebhanddruck

47 Handdruckerei Gistl in Gmund

„Gerne bezeichne ich mich als Stoffschreinerin", lächelt Martina Gistl, während sie gut gelaunt an ihrem 6 Meter langen Drucktisch steht. „Mein Werkstoff ist hauptsächlich Stoff und so entstehen im Obergeschoss des ehemaligen Stalls überwiegend Unikate." Hell und heimelig mutet die Werkstatt an, in der mit riesigen Sieben auf langen Stoffbahnen hantiert wird. Eine farbenfrohe und teilweise anstrengende Arbeit. Was aber entsteht, wenn traditionelle und ausgefallene Muster auf Naturfasern treffen?

Meist sind es Unikate, die ohne moderne Maschinen ganz exklusiv bedruckt und anschließend durch eine Schneiderin weiterverarbeitet werden. Fachmännisch filtert Martina die Wünsche nach Stoff, Muster und Druckfarbe gemeinsam mit dem Kunden heraus. Denn ob Gardinen, Tischdecken, Kissen oder anderes Nützliches – die Technik einer Handsiebdruckerin ist immer dieselbe.

Benötigt wird ein zu bedruckendes Material, das kann neben Stoff auch Papier oder Leder sein. Ob Baumwolle, Loden, Tuch oder Filz, am liebsten bearbeitet Martina Leinenstoffe, die gerne auch aus historischen Aussteuerschränken stammen dürfen, mit dem alten Textildruckverfahren. Verschieden große Mustersiebe mit Blumen, Ranken, Streifen, Karos oder individuelle Firmenmuster kommen zum Einsatz. Je nach Farbe und Kombination entstehen immer wieder faszinierend neue Bilder auf hochwertigen Naturstoffen.

Experimentierfreudig erfüllt Martina mit viel Liebe zur Tradition fast jeden Kundenwunsch. Im Vordergrund steht die Qualität ihrer Arbeit und die ist auf hochwertige Naturstoffe angewiesen. So arbeitet sie bei der Stoffauswahl mit namhaften Herstellern zusammen. Das wird schnell deutlich, wenn man die hölzerne Treppe über dem Drucktisch emporsteigt und eine kleine, aber feine Auswahl an fertigen Waren findet. Liebevoll dekoriert verzaubern Kissen mit dem Tegernseer Muster, Filztaschen oder Rucksäcke, Läufer und Tischdecken. Alles selbstverständlich ausschließlich per Siebhanddruck aus der eigenen Manufaktur.

- Handdruckerei Gistl, Gasse 16, 83703 Gmund, Tel. (0 80 22) 7 48 76
www.handdruckerei-gistl.de
- ÖPNV: Bus 9558, Haltestelle Gasse, Gmund am Tegernsee

Heute schon gebankerlt?

48

Auf dem Bankerlweg durch Wolfratshausen

Die Augen schließen, dem Plätschern der Loisach lauschen und einfach einen Gang herunterschalten. Was eignet sich dafür besser als ein gemütlicher Spaziergang von Bank zu Bank entlang der schönsten Orte von Wolfratshausen?

Vorbei an einer bronzenen Flößerskulptur warten ab der Alten Floßlände regelmäßig am Flussufer Bänke zum Verweilen. Muntere Enten schnattern mit schwarzen Blesshühnern um die Wette und vom Wasser steigt eine angenehme Frische empor. Es dauert eine Weile, bis man über das hölzerne Kastenmühlwehr die Loisach überquert. Dabei liegt es nicht an der überdachten Brückenlänge, sondern an den vielen faszinierenden Ausblicken und Geräuschen. Ob der Blick auf Europas längste Floßrutsche fällt oder das rauschende Wasser den Blick in seinen Bann zieht, wenn es das Wehr hinabfließt. Es sind Momente purer Energie, dort zu stehen.

Es geht hinauf in schattig grünen Bergwald, immer im Fokus der einmalige Blick hinweg über Wolfratshausen auf das Voralpenland. Zurück führt der Weg durch die historische Innenstadt, die leider an einigen Stellen etwas ausgestorben wirkt. An der Bücherei befindet sich ein kleiner Kräuter-Kraft-Kreis, in dem man so manch heimisches Kraut näher begutachten kann. Nach einem gemütlichen Abstecher zu dem kleinen Japanischen Garten sind die 2,5 Kilometer bereits geschafft. Mittels QR-Code an den Bankerln lassen sich spannende Fragen entdecken, Entspannungsübungen finden und viele interessante Fakten rund um die Flößerstadt Wolfratshausen erfahren.

Für die Macher des Bankerlwegs sind es nicht einfach nur Bänke, auf denen man sich zum Lesen, Beobachten oder Picknicken in der Natur niederlässt. Sie möchten die Welt zu einem besseren Ort machen, in der wir uns auf das Wesentliche fokussieren. Auf den Bankerln kann man sich entspannen, die Natur beobachten, eine neue Perspektive einnehmen. Es sind Orte, um Probleme und Konflikte mit Abstand zu betrachten oder sich gemeinsam mit Freunden die Zeit beim Picknick zu versüßen.

- Bankerlweg (Start am Parkplatz an der Stadthalle, Hammerschmiedweg), 82515 Wolfratshausen
- ÖPNV: S 7, Haltestelle Bahnhof Wolfratshausen (Fußweg 7 Minuten)

„Guad gehlassen“

49 Im Bio-Landhotel Moarwirt in Hechenberg

Ob ruhig oder „vogelwuid“. Das Leben mit allen Sinnen spüren funktioniert wunderbar im idyllischen Hechenberg. Zusammenkommen und genießen, so laden die beiden leidenschaftlichen Gastronomen Isabella und Sebastian Miller in die gemütlichen Stuben und den wunderschönen Biergarten mit Blick über das Voralpenland.
Bio, aber logisch. Genau das ist im Moarwirt ein Gefühl. Nachhaltigkeit und Regionalität sind keine inflationär genutzten Begriffe, sondern eine Lebensphilosophie, die hier wertschätzend Leben eingehaucht bekommt.
Wer sich je die Frage gestellt hat, ob man Glück essen kann – hier auf dem Höhenrücken einer alten Isarmoräne findet er ein klares Ja. Alte Lieblingsgerichte und vergessene Rezepte werden mit einem Schuss moderner Küchenkultur und der feinen Prise besonderer Originalität aufgepeppt. Es ist eine Mischung aus Liebe zum Genuss, kombiniert mit wunderbaren Schätzen aus der Natur, die dafür sorgt, dass man Heimat schmecken kann.
Selbst zum Kochlöffel lässt es sich bei einem der regelmäßig stattfindenden Kochkurse greifen. Ob Grillen oder die Geheimnisse der bayerischen Küche, Schlemmerkochkurse sind immer persönliche Auszeiten. Gekocht wird regional mit saisonalen Produkten. Viele der verwendeten Zutaten stammen aus eigenem Anbau und eigener Tierhaltung.
Kaum verwunderlich, dass man diesen Glücksort gerne ein bisschen länger genießt. Pure Seelennahrung ist es, in einem der frisch renovierten Zimmer mit altem Gebälk und architektonischem Zeitgeist zu nächtigen. Ein Ort, an dem sich Fuchs und Hase gerne Gute Nacht sagen, und so ist neben dem Blick bis in die Berge auch die himmlische Ruhe in Hechenberg Programm. Der Grüne Stern des Restaurantführers Guide Michelin für das Gasthaus mit angrenzendem Hotel ist nur die Bestätigung. Kreativität schmeckt und Glück kann man essen. Wer hier ankommt, kann es sich richtig „guad gehlassen“ und Momente erleben, die voller Glück stecken.

TIPP

In der Nähe liegt die spätgotische Kirche St. Valentin aus der ersten Hälfte des 15. Jahrhunderts.

● Bio-Landhotel Moarwirt, Sonnenlängstraße 26, 83623 Hechenberg/Dietramszell, Tel. (0 80 27) 10 08, https://moarwirt.de

Moar

Perfekter Postkartenblick

50

Aussicht von der Mesnerhauskapelle Aidling

Wie eine blaue Perle mutet der Riegsee, still eingebettet vor den sich auftürmenden Gipfeln der bayerischen Voralpen, an. Kaum 1,5 Kilometer entfernt vom Staffelsee liegt einer der wärmsten Badeseen Bayerns. Man muss schon genau hinschauen, um das auf ihm treibende Eiland, das sich bei heftigen Regengüssen vom Festland gelöst hat, zu entdecken. An seiner Nordspitze, am Südhang der Aidlinger Höhe, mit etwa 60 Höhenmetern Unterschied zum Wasserspiegel, steht eine kleine Kapelle auf einer Aussichtsterrasse mit einzigartigem Gebirgsblick. Malerisch zeigt dieser Ausblick, wie weit man auf der Postkartenidyll-Skala nach oben kommen kann.

In früheren Zeiten soll sich der Sage nach auf diesem Hügel eine Kultstätte der germanischen Frühlingsgöttin Ostara befunden haben. Erst im 18. Jahrhundert machte eine hölzerne Feldkapelle einer gemauerten Version Platz. Feld- und Hofkapellen haben in der Region eine lange Tradition. Größere Kirchengebäude gab es auf dem Land nicht und selbst wenn, war der Weg dorthin oftmals lang und nur unter großen Mühen möglich, besonders im Winter. So besaßen häufig mehrere Höfe gemeinsam Kapellen, die als Ort der Einkehr und Stille dienten. Ruhe, die man auch heute noch an diesen Plätzen spürt.

Hier, auf einer spartanischen Holzbank ohne Lehne sitzend, schweift der Blick über ein Gesamtkunstwerk für Auszeitgenießer. Es ist ein Rückzugsort und Erholungsplatz, an dem die Magie der Stille besonders bewusst wird.

„Das Geheimnis des Glücks findet man nicht, indem man es sucht, sondern indem man die Fähigkeit entwickelt, das Wenige zu genießen", zitiert man gerne Sokrates, wenn man hier nicht mehr macht, als das Blaue Land auf sich wirken zu lassen. Inspiriert von der bunten Abwechslung in Farben und Formen verewigten die Künstler der Blauen Reiter um Gabriele Münter und Wassily Kandinsky Anfang 1900 die Region auf vielen ihrer Bilder. Motive, die man heute auch im Schlossmuseum Murnau bewundern kann.

- Mesnerhauskapelle Aidling, Mesnerhauser Straße 16, 82418 Aidling
- ÖPNV: Bus 9620 ab Murnau, Haltestelle Aidling Riegsee

Kunst am „Fjord“

51 Olaf Gulbransson Museum in Tegernsee

Hell, elegant und ein wenig transparent wirkt das Museum, nähert man sich dem denkmalgeschützten Bau auf dem grasigen Hügel. Zumindest das, was von Sep Ruf, einem der bedeutendsten deutschen Architekten des 20. Jahrhunderts, sichtbar geschaffen wurde. Unterirdisch wurde in den vergangenen Jahren erweitert, um ausreichend Platz für die Arbeiten von Olaf Gulbransson sowie wechselnde Ausstellungen zu schaffen.

„Seinen Fjord“ nannte der 1873 in Norwegen geborene Zeichner und Maler Olaf Gulbransson den Tegernsee. 1902 vom Verleger der legendären Satirezeitschrift „Simplicissimus“ Albert Langen nach München geholt, erwarb Gulbransson 1929 den Schererhof hoch über dem Tegernsee. Fortan arbeitete er bis zu seinem Tod 1958 mit dem täglichen Blick über seinen Fjord.

Schlendert man durch die hellen, geradlinigen Räume des Museums, entdeckt man sein breites zeichnerisches und grafisches Können. Ausdrucksstark und doch verhalten in der Farbgebung. Es sind scharfsinnige Porträts und Karikaturen, vereint mit seinen seltenen Ölgemälden, die faszinieren und anziehen. Neben der Dauerausstellung finden sich in der Zweiggalerie der Bayerischen Staatsgemäldesammlung auch regelmäßig wechselnde Vernissagen. Ein Besuch, der sich immer wieder aufs Neue lohnt.

Nicht nur für kleine Kunstinteressierte ist die Idee der Bilderjagd spannend. Geht es zur Dauerausstellung auf Entdeckungsreise mit vielen Rätseln und Wissenswertem zu Olaf Gulbransson oder auf eine Tour durch eine der Sonderausstellungen. Klar ist, so vermittelte Inhalte machen allen Entdeckern Spaß und bleiben sicher besser im Gehirn verhaftet.

Wer sich hingegen selbst in kreativen Schaffensprozessen entdecken möchte, findet in der Kunstakademie Tegernsee verschiedene Kurse. Das Alter spielt nur bei der Kurswahl eine Rolle, ansonsten bieten Art Retreats sowie Workshops reichlich Platz, um auf künstlerische Weise die eigenen Träume, Visionen und Fantasien sichtbar zu machen.

● Olaf Gulbransson Museum, Kurgarten 5, 83684 Tegernsee, Tel. (0 80 22) 33 38, www.olaf-gulbransson-museum.de
Kunstakademie Tegernsee, www.kunstakademie-tegernsee.com

● ÖPNV: BRB RB 57, Haltestelle Bahnhof Tegernsee, dann Bus 9566, Haltestelle Rathaus Tegernsee (Fußweg 4 Minuten)

Lufthütten und Holztürme

52 Naturhotel & Gesundheitsresort Tannerhof

(M)ein Versteck in den Bergen. Nomen est omen und so ist bereits die Zufahrt zu einem Hotel der besonderen Art etwas verzwickt. Ein Refugium, angelegt wie ein kleines Dorf. Ein Ort ohne Schnickschnack und stimmig in seinen Gegensätzen. Natürlich nachhaltig, denn es sind der Schutz der Natur und die Gesundheit des Menschen, die hier im Vordergrund stehen.

Verstreut am Berg, umgeben von Wiesen und Bäumen, liegen besondere Rückzugsorte in den Lufthütten. Urige Holzhäuschen, in denen die Zeit stehen geblieben scheint. Dazu gesellen sich vier modern geradlinige hölzerne Türme, die Gemütlichkeit ausstrahlen. Was innen schlicht und nur mit dem Nötigsten in natürlichen Materialien beglückt, sorgt bei einem Blick in die umliegende Weite des Leitzachtals bis zum Wendelstein fast für ein Gefühl, dass sich die Natur hier verschwenderisch inszeniert. „Fern-Schauen“ im Wortsinn ist hier eine der schönsten Beschäftigungen.

TIPP

Die Tatzelwurm-Wasserfälle sind nur einen Katzensprung entfernt.

Das Herzstück des kleinen Bergortes ist die Alte Tann, ein ehrwürdiges Bauernhaus. Die Neue Tann, Badehaus, Orangerie sowie urige Schwitzhütte und Waschhaus, bietet Platz, um in unkomplizierter und unkonventioneller Atmosphäre einfach mal abzutauchen.

Es gibt viele Wege zum Glück. Ein besonders genussvoller Weg führt in den kleinen Tannerhof-Kosmos, in dem Qualität vor Überfluss steht. Zugegeben, auf den ersten Blick ein bisschen kompliziert und verwirrend, aber doch ganz einfach. Es geht um das Wesentliche. So wird das Treppenhaus zur Galerie und die Hofbühne mit Kultur gefüllt. Ob beim Bio-Slow-Food für alle gesundheitsbewussten Gourmets, gemütlich am Kamin oder beim entspannten „Fern-Schauen“. Barfuß oder High Heels, Kulturprogramm oder Landschaft, es ist die Mischung, die befreit und doch erdet. Elegant und unaufdringlich ist die architektonische Klammer, die einen Ort schafft, an dem sich die Natur im Hier und Jetzt spüren lässt. Ein ungewöhnlicher Glücksort, um eine Liaison mit sich selbst einzugehen.

- Naturhotel & Gesundheitsresort Tannerhof, Tannerhofstraße 32, 83735 Bayrischzell, Tel. (0 80 23) 8 10, https://natur-hotel-tannerhof.de/de
- ÖPNV: BRB RB55, Haltestelle Bahnhof Bayrischzell (Fußweg 15 Minuten)

Alles Käse, oder was?

53

Genießen im Tölzer Kasladen

Ein heiteres Gefühl von Lebensfreude macht sich bei jedem Käseliebhaber breit, folgt er magisch feinem Geruch. Wer die historische Marktstraße hinaufgeht, wird angezogen vom Duft, der einem Käseparadies entströmt. Modern beleuchtet zieht die Käsetheke jeden Feinschmecker in ihren Bann. In ihr befindet sich eine große und exklusive Auswahl ausschließlich handwerklich hergestellter Käsesorten. Ein Muss bei jedem Besuch in Bad Tölz! Käse nicht nur aus der Region, sondern auch eine große Auswahl aus Frankreich, der Schweiz und ganz Europa hat im Kasladen lange Tradition. Über 200 Käsesorten findet man hier und jede einzelne riecht und schmeckt anders, wie Affineur Wolfgang Hofmann berichtet. Es sind Qualität und vollendete Reifung, die neben einwandfreier Milch oberste Priorität haben. Grund genug, um bewusst mit sorgsam ausgewählten Hof- und Dorfkäsereien, Almbetrieben und Klöstern zusammenzuarbeiten.

Es ist die Philosophie im Umgang mit dem Käse. Denn als „lebendiges" Lebensmittel verändert es sich im Laufe seines Käselebens. Wie wichtig Achtsamkeit, Wissen, Erfahrung, Neugier und Ausprobieren sind, erlebt jeder, der eine Degustation genießt. Genuss, der sich nicht zwingend ausschließlich nur um Käse dreht. Oft ist das Zusammenspiel aus Käse und Wein eine willkommene Gelegenheit, einen Workshop mit allen Sinnen zu genießen. Riechen, schmecken, fühlen, auf der Zunge zergehen lassen, den Aromen der Käse nachspüren – das hält den Geist wach und offen für Neues. Immer auf der Suche nach dem feinen, unvergleichlichen, einzigartigen Geschmack.

Übrigens, die 45-jährige Tradition reicht bis zu den Olympischen Spielen 1972 in München zurück. Als olympischer Käselieferant war die Devise mehr als nur dabei sein und so hat der Tölzer Glücksort inzwischen einige Zweigstellen, wie beispielsweise in Augsburg oder auf dem Münchner Viktualienmarkt.

TIPP

Das neu gestaltete Taubenloch bietet Sitzgelegenheiten direkt an der Isar. Brotzeit mitnehmen lohnt.

- Tölzer Kasladen, Marktstraße 31, 83646 Bad Tölz, Tel. (0 80 41) 7 93 84 47 www.toelzer-kasladen.de
- ÖPNV: diverse Busse, Haltestelle ZOB Isarkai, Bad Tölz (Fußweg 5 Minuten)

ZIEGENKÄSE GRISINI
ZIEGENKÄSE GRISINI
Ziegenkäse Grissini
1 kg
38,00€
4-fach Bock
10,1% Vol.
Flasche € 2,90
WEYERBACHER
TÖLZER
Zwickl
DIE BIERMACHER AUS DEM ISARWINKEL
33cl
Halbfester Schnittkäse
100 g
18,44€
6,15 €
St. 400 g
16,06€

Rendezvous am Brunnen

54 Stadttour mit den Tölzer Stadtversucherinnen

Man könnte meinen, dass Bad Tölz eine einzige Versuchung ist, wenn man mit einer der Tölzer Stadtversucherinnen unterwegs ist. Aber seien wir mal ehrlich, aus der passenden Perspektive betrachtet ist dem auch so.

Leise prickelt der Prosecco mit einem köstlichen Schuss Rosenlikör, während alle andächtig der Geschichte und den Geschichten über Bad Tölz lauschen. Eine kurze Einführung bei Vogelgezwitscher über die Tölzer Rose im Rosengarten und schon befindet sich die kleine Gruppe auf dem Weg zum Rendezvous der Sinne, wo die ersten kulinarischen Köstlichkeiten in Form von feinen Schokoladenkreationen warten. Eine Stadtführung für alle Sinne und so werden die alten historischen Gebäude, die der berühmte Architekt Gabriel von Seidl gestaltet hat, in Augenschein genommen. Vorbei an der einen oder anderen Außenkulisse des wohl berühmtesten Fernsehkommissars Benno Berghammer – alias der Bulle von Tölz – bis das Stamperl Leonhardischnaps in der über 400 Jahre alten Enzianbrennerei wartet. Kurz gibt es einen verwunderten Blick auf das unbedeckte Hinterteil des heiligen Florians, bevor sich italienisches Flair im Handwerkerviertel ausbreitet. Fast nebenbei erfahren wir, packend erzählt, wie es zum „Wunder von Tölz" kam.

Ein Glas Wein kombiniert mit einer kleinen Verkostung heimischer Käsesorten beim bekanntesten Käseaffineur Deutschlands im Tölzer Kasladen sorgt für eine wahre Sinnesexplosion im Gaumen. Ich würde sagen: Stadtversuchung oder Versuchung einer Stadt in vollen Zügen gelungen.

Eigentlich ist es nicht von Bedeutung, welche der verführerischen Touren man begleitet. Eine genussvolle Portion Geschmack, Duft und Cineastisches komplettiert jede fesselnde Geschichte über die Kurstadt an der Isar. Ob man dem Duft von Tölz, Klatsch und Tratsch der Kaffeetanten oder den Flößern auf die Spur kommen möchte, sagenhafte, sinneswandelnde oder märchenhafte Touren lassen sich im Isarwinkel erleben.

- Tölzer Stadtversucherinnen, Treffpunkt: Brunnen Max-Höfler-Platz, Tel. (0 80 41) 8 08 50 87, www.toelzer-stadtversucher.de (Anmeldung bis zum Vorabend unter anfrage@toelzer-stadtversucher.de)
- ÖPNV: Bus 9612, Haltestelle Max-Höfler-Platz, Bad Tölz

Pannini
Pasta
Eine
schöne
Weihnachtszeit!

Flauschige Kulleraugen

55

Alpakawanderung am Tegernsee

Rot blühen die Geranien an den Balkonen des historischen Bauernhofs Zum Hausmann. Der perfekte Ort, um in sonniger und ruhiger Lage, umgeben von Wiesen, die Magie der Stille zu spüren. Frühmorgens, mit einer Tasse heiß dampfendem Kaffee, schweift der Blick direkt in die Kreuther Bergwelt mit dem mächtig aufragenden Wallberg. Das monotone Bimmeln der Kuhglocken ist das einzige Geräusch, welches sanft den Schlaf in einem der gemütlich hergerichteten Ferienzimmer beendet. Fernab des Alltags lässt sich Urlaub auf dem Bauernhof in einer landschaftlich wunderschönen und vielseitigen Gegend erleben. Wer mag, auch gerne mit ein bisschen Familienanschluss.

Genau zwischen dem Blau des Tegernsees und dem waldigen Grün des Wallbergs liegt dieses Fleckchen Erde, auf dem friedliebende Andenkamele ihr bayerisches Zuhause haben. In direkter Nachbarschaft mit Kühen und Schafen schließen sie schnell auch mit zweibeinigen Besuchern Freundschaft. Ein gutes Argument ist sicher eine Handvoll Leckerlis. Schnell wird klar, jeder der charismatischen Paarhufer hat seinen ganz eigenen Kopf – von sanftmütig bis stolz, neugierig bis schüchtern.

Gemeinsam mit Karin geht es ins Gehege. Ludwig, Anton, Monaco und Co. sind noch etwas zögerlich, finden aber sehr schnell Zutrauen. Eine Begegnung mit diesen wunderbaren Tieren wirkt wie Balsam für die Seele. Rasch verfliegt auch noch der letzte Rest des Alltagsstresses, um Ruhe und Gelassenheit Platz zu machen. Einzig, was sie wollen, ist respektiert und akzeptiert zu werden. Dafür schenken die Alpakas glückliche Momente, die den Weg zu dir selbst zeigen.

Ob ein gemeinsamer Spaziergang bei sehr gemütlichem Wandertempo zu einmaligen Aussichten, Yoga, ein gemeinsames Fotoshooting oder einfach nur Zeit mit den liebenswerten Wollnasen, ein bleibendes Erlebnis ist es in jedem Fall. Denn bei einem Alpaka-Date an diesem Glücksort ist Lächeln ein garantierter Begleiter und klar ist: „Alpakas gehen mit uns spazieren und nicht wir mit den Alpakas."

● Alpakawanderung, Bauernhof Zum Hausmann, Oberhof 2, 83700 Kreuth/Oberhof, Tel. (01 51) 28 33 89 13, https://zumhausmann.de

● ÖPNV: Bus 9566/9556, Haltestelle Oberhof Naturkäserei, Kreuth

Himmelsobjekte ganz nah

56 Sternwarte an der Hochlandsiedlung Königsdorf

… und plötzlich geht die Dachkuppel auf und gibt den Blick auf ein wunderschönes Naturspektakel frei. Es ist ein Besuch bei „Roten Riesen“ und „Weißen Zwergen“. Milchstraße, Asteroiden, Mond und die fernsten Himmelsobjekte sind plötzlich ganz nah, wenn man sich auf himmlische Momente bei einer Reise ins Weltall einlässt.

Mitten im bayerischen Oberland, genauer gesagt an der Hochlandsiedlung zwischen Königsdorf und Bad Tölz, bietet das 110 Kilogramm schwere und 95.000 Euro teure Spiegelteleskop mit 60 Zentimetern Durchmesser genau diese magische Faszination Weltraum. Mag es auch ein bisschen fisselig sein, die Adresse zu finden, der Standort ist mit Sinn gewählt. Genau hier, umgeben von Wald und Wiesen und abgeschottet von umliegendem Streulicht, ist der Himmel wunderbar zu beobachten. Auch wenn es interessanterweise nicht zwingend Nacht sein muss. Bei klarem Himmel sind auch tagsüber Beobachtungen von der Dachterrasse aus möglich.

Es ist wirklich ein ganz besonderer Moment, wenn sich zweimal pro Woche die Kuppel öffnet und ehrenamtliche Mitglieder der Isartalsternwarte e.V. himmlische Geschichten erzählen. Unter dem Motto „Astronomie zum Anfassen“ fördern sie das Staunen und die Faszination auf einem Spaziergang durch unsere kosmische Heimat. Ob Kugelsternhaufen oder planetarische Nebel, es sind die Geheimnisse des Weltalls, die hier anschaulich erklärt und wissenschaftlich vorgestellt werden.

Knapp 6000 Sterne lassen sich mit bloßem Auge am Firmament erkennen. Je nach Fernrohr steigt die sichtbare Sternenzahl rasch in die Millionen. Allein der Gedanke an die über 200 Milliarden Sterne, die sich viele Billionen Kilometer von uns entfernt befinden, übersteigt schnell die menschliche Vorstellungskraft.

So faszinierend die Informationen einer spannenden Entdeckungsreise in die Weiten des Weltalls auch sein mögen, besonders atemberaubend wird der Moment, erkennt man, wie klein wir Menschen in dieser schieren Endlosigkeit sind.

TIPP

Vis-à-vis der Sternwarte liegt der ökologische Fußabdruck, ein Labyrinth rund um Klima und Natur.

● Isartalsternwarte, Rothmühle 9, 82549 Königsdorf, Tel. (0 81 71) 9 04 10
isartalsternwarte.de

9

Nasses Lebenselixier

57

Auf dem Wasserweg zum Reisacher Wasserschloss

Verwunschen und ein bisschen verborgen liegt es im idyllisch grünen Mangfalltal. Es ist eines der ungewöhnlichsten Bauwerke und verkörpert den Architekturstil vor dem Ersten Weltkrieg. Trutzig und doch filigran ist das Reisacher Wasserschloss ein Symbol für vorausschauende Planung und nachhaltige Wassergewinnung.
Doch der Name Wasserschloss ist ebenso irreführend wie passend schön. Hinter der schweren Bronzetür verbirgt sich eine Grundwasserfassung. Sprudelnd machen sich aus einem 9 Meter tiefen Sammelbecken über 1300 Liter Wasser pro Sekunde auf den Weg nach München. Aufgrund seiner geografischen und geologischen Besonderheit ist die Region ein zuverlässiger Lieferant frischen Quellwassers für rund 1,4 Millionen Menschen.

TIPP

Kamele in Bayern? In der Rosenheimer Straße in Valley gibt es diese.

Auffällig, wie groß die Artenvielfalt und Blütenpracht im Mangfalltal ist. Ein kleines Paradies, entstanden durch den aktiven Trinkwasserschutz, der das Düngen untersagt. Eingebettet in diesem wunderschönen Wasserschutzgebiet steht seit über 100 Jahren das Reisacher Wasserschloss, eine und sicher die schönste von insgesamt fünf Gewinnungsanlagen im Hangquellgebiet. Einblick gibt es leider keinen, spezielle Hygiene- und Sicherheitsmaßnahmen schützen den wertvollen Schatz: Trinkwasser.
Mehr Natur lässt sich am Wegesrand entdecken und dabei gibt es so einiges über die örtlichen Lebensräume, besondere Schutzmaßnahmen und schonende Landschaftspflege zu erfahren. Das Wasserschloss ist eine Station auf dem Münchener Wasserweg. Naturerlebnisstationen informieren zu unterschiedlichen Themen, laden zum Beobachten und Ausprobieren ein. Verständlich werden faszinierende Zusammenhänge der Trinkwasserschutzzonen im Mangfalltal beschrieben.
Alles kombiniert mit einem gemütlichen Spaziergang, der garantiert nicht nur für die Kleinsten zu einer spannenden Entdeckertour wird. Lust auf ein nachhaltiges Abenteuer auf den Spuren des Lebenselixiers Wasser?

● Münchner Wasserweg zum Reisacher Wasserschloss
(Start am Parkplatz SWM Betriebshof Thalham), 83629 Weyarn

Gut behütet

58 Hutmacherei Wiesner in Rottach-Egern

Getragen werden sie heute zu vielen Anlässen. Einerseits gehört der Hut zur Tracht, ist somit Ausdruck von Identität und Zugehörigkeit. Andererseits und genauer betrachtet aber macht er die Tracht erst komplett. Doch eine Hutmacherei ausschließlich auf ein Stück Brauchtum und damit die Herstellung von Hüten zu reduzieren, ist zu kurz gedacht.

Ob Loden, Velours oder Stroh zum Einsatz bei der Verarbeitung kommen, hängt von der Verwendung des Hutes ab. Ein Woll- oder Haarhut ist im Gegensatz zum Velourhut regentauglich. Die Wolle eignet sich besonders als Alltagshut, erklärt Martin Wiesner, einer der noch wenigen gelernten Hutmacher in Deutschland. Dabei sind seine große Leidenschaft die Velourhüte. Gefertigt werden sie ausschließlich in Handarbeit in seiner kleinen Werkstatt am Ortsrand von Rottach-Egern. Hier wird fast jeder individuelle Hutwunsch erfüllt. Ausgenommen ist, wenn Historisches bewusst ins Lächerliche gezogen wird. Dann weigert sich Martin, ein fesches Accessoire zu kreieren. Verschiedene Formen, Farben und Garnierungsmöglichkeiten bilden die Basis für individuelle Hüte, welche im Gegensatz zu Schuhen oberhalb des Gesichts einen prägenden Eindruck hinterlassen.

Prägend ist auch der Eindruck, wenn man die breite Rampe des neu aufgebauten Voitlhofs zur Hutmacherei hinaufsteigt. Heimelig ist es im alten Stadl, in dem neben Hüten auch eine feine Auswahl hochwertiger Trachten aus eigener Schneiderei zu finden ist. Neben einer Werkstatt bietet es genug Platz für die Nähmaschinen, aber auch für liebevoll gestaltete Verkaufsflächen. Entstanden ist ein kleines „Heimatwerk" des Tegernseer Tals mit ausgewählten Produkten von Tracht und Accessoires bis hin zu Geschirr. Das Familienunternehmen mit vielen fleißig helfenden Händen wächst, wie auch der Kundenstamm. Modern interpretierte und alltagsfunktionelle Trachtenmode und Hüte vermitteln, wie nachhaltig und lebendig sich ein Stück Tegernseer Heimat auf der Haut spüren lässt.

● Hutmacherei & Trachten Wiesner, Feldstraße 9, 83700 Rottach-Egern, Tel. (0 80 22) 67 38 24, www.hutmacherei-wiesner.de

Schneiderei darf nur
das Personal
betreten

Kunst in der Natur

59 Stiftung Kunst und Natur in Nantesbuch

Ankommen und die Ruhe des Seins spüren. Umgeben von nichts als Wald, Mooren und Wiesen liegt wenige Kilometer von Bad Heilbrunn entfernt Nantesbuch. Ein Ort, der aktiv den Dialog zwischen Natur und Kultur weckt.

Sanft schlängelt sich die Straße hinauf zum Langen Haus, dem zentralen Veranstaltungsort, in dem regelmäßig ein vielfältiges Kultur- und Vermittlungsprogramm eine Heimat findet. Prominent auf einer kleinen Anhöhe liegend sind es Veranstaltungen wie Lesungen, Gesprächsrunden oder Konzerte und Sternennächte, die das schlicht gehaltene Gebäude mit Leben füllen. Regelmäßig stattfindende Touren und Familienangebote geben vertieft Einblicke in die Besonderheiten der umgebenden Wasser-, Wald- und Moorlandschaften.

TIPP
Lust auf bayerische Schmankerl mit Aussicht? Dann lohnt ein Abstecher zum Märznhof.

Erstmals erwähnt im Abgabenbuch des Klosters Benediktbeuern, wirkt heute im Nantesbuch die Stiftung Kunst und Natur. Auf dem gut 320 Hektar weitläufigen Naturgelände prägen unterschiedliche Nieder- und Hochmoore diese einzigartige Landschaft. Neben der Erhaltung und Stärkung stehen nachhaltige Aktivitäten und eine ökologische Aufwertung der Natur als vordergründige Aufgabe der Stiftung.

Es sind Streifzüge durch dichten Wald und moorige Wiesen, in denen die Kraft der Ruhe wunderbare Momente der Gelassenheit schenkt. Ganz nach dem Gedanken: Frage nicht, was die Welt braucht. Frage dich, was dich glücklich macht, und setze es in die Tat um, lassen sich Moorwald, das Haselbachtal und viele unaufgeregte Kraftplätze eigenständig auf den vorhandenen Wegen erkunden.

Nach dem Konzept der Permakultur werden am Wirtschaftshof Gemüse, Obst und Heilkräuter kultiviert. Es ist ein Arbeiten mit Kreisläufen und Wechselwirkungen der Natur. Mit der Natur und für die Natur. Ob „über den Zaun" besichtigt oder bei einer Führung durch den Permakulturgarten, ein Veranstaltungs- und Naturerlebnis ist der Nantesbuch in allen Bereichen.

● Stiftung Kunst und Natur, Karpfsee 12, 83670 Bad Heilbrunn, Tel. (0 80 46) 23 19 20, https://kunst-und-natur.de

Genuss küsst Hirsch

60 Hirschkuss Genussmanufaktur in Gaißach

„Wer nicht genießt, wird ungenießbar", das ist wohl der bekannteste und garantiert treffendste Satz aus der Genussmanufaktur. Wer den Laden der mit Liebe ausgesuchten und dekorierten Dinge betritt, wird nicht glauben, dass sich hier ursprünglich alles um Hochprozentiges drehte. Es sind alte, geheime Rezepte der Großtante, traditionell hergestellt, deren Geschichten und Zubereitung sich rund um den Kräuterlikör Hirschkuss ranken.

Es sind nicht nur die kleinen Geschwister wie das „Birndl", der „Kernlose" und das „Vogelgezwitscher", die sich zum Klassiker dazugesellt haben, die Regale biegen sich unter weiteren Köstlichkeiten. Was von außen eher modern anmutet, entpuppt sich innen als gemütlicher Glücksort mit Stubenambiente. Hinter der offenen Glastür des alten Küchenschranks steht zauberhaft dekoriert Geschirr mit alpinem Muster, während in der Holztruhe neben kuschelig warmen Decken duftende Badezusätze liegen. Als sinnlich kann man das Sortiment der fulminanten Fundgrube am Ortseingang von Gaißach getrost bezeichnen. „Altes. Neues. Schönes"! Das sind die Attribute der Produkte, die einen umgeben. Es ist ein zwischen charmanten Geschenken, Accessoires fürs Heim und Delikatessen für jeden Geldbeutel Schlendern und sich vom entstehenden Wohlgefühl Treibenlassen.

Hier finden sich Dinge mit Geschichte, Kleinigkeiten aus der Heimat und vor allem viele in Eigenregie hergestellte Produkte. Kombiniert wird, was gefällt. Ob mit Kaffee, der in der Region geröstet wird, Blütenpollen aus Arzbach oder Pfirsich, Heidelbeere und Hagebutte, hochprozentig veredelt aus Nachbars Garten. Richtig ins Schwärmen kommt dann auch der letzte Zweifler, kostet er die Hirschkuss-Trüffelpralinen oder Schokolade. Das Einzige, was da noch abkühlt, ist das „Alpenkoks", der auf natürliche Art von der Chefin persönlich hergestellte, hauseigene Schnupftabak für „starke Buam" und „starke Madln".

Na dann, lasst uns genießen.

- Hirschkuss Genussmanufaktur, Tölzer Straße 12, 83674 Gaißach, Tel. (0 80 41) 7 95 05 50, genussmanufaktur.cc
- ÖPNV: BRB RB 56, Haltestelle Bahnhof Gaißach (Fußweg 20 Minuten)

Gipfelparadies überm See

61

Der Wallberg am Tegernsee

Markant ragt er am südlichen Ufer des Tegernsees empor. Mit 1722 Metern über dem Meeresspiegel thront der Hausberg über der Region. Eingebettet ins Mangfallgebirge ist der Wallberg der Aussichts- und Wanderberg in Oberbayern. Bereits in den frühen 1930er-Jahren für Ausflügler erschlossen, ist es seit 1951 die Wallbergbahn, die das Erlebnis auch ohne Anstrengung ermöglicht. 825 Höhenmeter lassen sich so innerhalb kürzester Zeit schweißfrei überwinden. Echtes Gipfelglück lässt sich nach nur wenigen Gehminuten von der Bergstation aus erleben. Stehend am beeindruckenden Gipfelkreuz, liegen einem die bayerischen Voralpen und das Tegernseer Tal quasi zu Füßen. Das ganze Jahr kann man hier den 360-Grad-Panoramablick genießen.
Relativ sportlich ist der Zugang in das reizvolle Wandergebiet über ausgeschilderte Wanderwege, ambitioniert ist der Start direkt von der Talstation, ein wenig entspannter, wenn man an der Wallbergmoosalm losläuft. Diese erreicht man mit einer Menge Fahrspaß über eine der schönsten Bergstraßen. Durch romantische Wälder, vorbei an wuchtigen Felsen und immer wieder mit unvergleichlich schönem Blick ins Tegernseer Tal und auf die umliegende Bergwelt fährt man auf der Wallberg-Panoramastraße. Ein Genuss für die Sommermonate.
Liegt Schnee, wird die Straße zur präparierten Rodelbahn und damit zum zweiten Abschnitt einer insgesamt rund 6 Kilometer langen, anspruchsvollen Schlittenfahrt, die an der Bergstation beginnt und über die Wallbergmoosalm zur Talstation führt.
Zurück in die warme Jahreszeit. Dann lassen sich auf sinnlich geschwungenen Holzliegen ruhige Momente mit traumhaftem Ausblick genießen. Unweit des köstlichen Alm-Kaiserschmarrns, der im urigen Berggasthof serviert wird, eröffnet sich auf einem kleinen Felsvorsprung im Wald das idyllische Panorama Tegernsee. Besonders beeindruckend ist die Stimmung, erwachen im Tal glitzernd die Lichter und hüllen den See in das samtige Dunkel der hereinbrechenden Nacht.

- Talstation Wallberg, Wallbergstraße 26, 83700 Rottach-Egern
- ÖPNV: BRB RB 57, Haltestelle Bahnhof Tegernsee, dann RVO-Bus 9556 Richtung Wildbad Kreuth, Haltestelle Wallbergbahn, Rottach-Egern

Bayerische Dorfidylle

62 „Frühling"-Filmspaziergang durch Bayrischzell

Meist sitzt Dorfhelferin Katja in einem typisch bayerischen Haus am idyllischen Dorfplatz, wenn wieder ein Anruf eingeht, wo ihre Hilfe dringend benötigt wird. Rot ranken die Geranien vom dunkelbraunen Holzbalkon. Typisch bayerisch eben. Schaut man hinter die Kulissen, befindet sich die Schauspielerin Simone Thomalla regulär im Gebäude der Skischule Bayrischzell. Denn genau dort befindet sich die Dorfhelferinnenstation oder sagen wir besser der Drehort der ZDF-Reihe „Frühling", was ein farbenfrohes Schild definiert. Real ist der Bayrischzeller Kirchplatz, geprägt von der 1733 erbauten katholischen Pfarrkirche St. Margareth. Von außen eher schlicht gehalten, kann sie mit goldenen inneren Werten punkten.

Auf einem Filmspaziergang anhand einer Karte, die es in der Tourist-Info gibt, geht es gemütlich durch Frühling, ach nein durch Bayrischzell. Ein kurzer Stopp im Café Huber sorgt mit köstlichen Torten und Kuchen für kulinarische Glücksmomente, während der Blick in die traumhafte Bergwelt gleitet. Sollte zufällig der zweite Samstag im Monat sein, lohnt auch der Abstecher in die Küche. Bei einem Kochkurs mit dem Küchenchef wird ein dreigängiges Menü gezaubert und danach verspeist. Dieses Erlebnis sollte zwingend vorab gebucht werden.

Am Bahnhof führt die Tour vorbei an der Praxis Müller hinauf in Richtung Wasserfall an der Tannermühle. Auch wenn es nichts mit Frühling zu tun hat, das modere Day Spa in historischem Ambiente hat Charme.

Auf dem Rückweg begegnet man in der Bayrischzeller Ortsmitte einer wunderschönen alten Linde. Zur Erinnerung an die Wendelsteinbesteigung durch den bayerischen König Max II. im Jahre 1858 wurde sie gepflanzt. Heute spendet das hellgrüne Blätterdach angenehme Licht- und Schattenspiele. Ob dieser beeindruckende Baum auch im Film zu sehen ist? Diese Frage bleibt unbeantwortet. Fakt aber ist, jedes Jahr ist sie ein sicheres Zeichen, dass der Frühling in seinen schillernden Grüntönen zurück nach Bayrischzell kommt.

- „Frühling"-Filmspaziergang, Informationen bei der Tourist-Info, Kirchplatz 2, 83735 Bayrischzell, Tel. (0 80 23) 6 48 www.bayrischzell.de/fruehling-film-dorf-bayrischzell
- ÖPNV: BRB RB 55, Haltestelle Bahnhof Bayrischzell

Dorfhelferinnen e.V.
Haus Weiger
GÄSTEZIMMER
Hand in Hand
Dorfhelferinnen e.V.
Leitung: Katja Baumann

Atemberaubend prominent

63 Kalvarienbergblick mit der Kalvarienkirche

Fast beseelt vor Glück gleitet der Blick weit hinein ins schier endlose Blau des Isartals. Geheimnisvoll erheben sich am nahen Horizont sanft aus dem Morgennebel die bayerischen Alpen. Fast romantisch liegt Bad Tölz am Fuße des Kalvarienberges. Sanft schlängelt sich aus dem Zentrum kommend der Kreuzweg mit 14 Wegstationen und einer kleinen Kapelle den Berg empor, vorbei an einem umfriedeten Ölberg. Es war um 1720 herum, da ließ der kurfürstliche Tölzer Salz- und Zollbeamte Friedrich Nockher eine „Heilige Stiege" mit 28 Stufen unter freiem Himmel erbauen. Wenig später wurde sie überdacht, von mehreren Kapellen umrandet und mit einer Doppelkirche verbunden. Seither sind die weithin sichtbaren schlanken Türme der Heilig-Kreuz-Kirche auf dem knapp 700 Meter hohen Kalvarienberg das Wahrzeichen der Stadt.

Fast unscheinbar daneben wirkt eine Kapelle – und doch ist sie für Bad Tölz von großer Bedeutung. Zum Gedenken an die Überlebenden der Sendlinger Mordweihnacht, die 1705 mit vielen Hundert Toten tragisch endete, erbauten Tölzer Zimmerleute das kleine Heiligtum. 1743 wurde sie mit einer eisernen Votivkette versehen, dem Attribut des heiligen Leonhard, dem Schutzpatron der Gefangenen, Pferde und Nutztiere. Jedes Jahr am 6. November ist die Leonhardikapelle Ziel der berühmten Leonhardi-Wallfahrt, um an diesem Ort die Gespanne zu segnen.

Wenn die Marktstraße der Festsaal der Stadt ist, dann ist der Kalvarienberggipfel wohl ihr schönster Balkon, hört man vielerorts und oben stehend fühlt es sich auch so an. Ausruhen nach dem mit 50 Höhenmetern gespickten „Aufstieg" lässt es sich in der wärmenden Sonne auf einer der Bänke. Die Kirchenmauer im Rücken wird der Blick fast magisch von den Berggipfeln über dem Isartal angezogen.

Für alle, die es genau wissen möchten, hält eine Tafel mit Bergrelief die Namen aller sichtbaren Gipfel bereit. Fernrohr und Aussichtsbank inklusive. Dieser Glücksort ist sowohl bei Sonnenauf- als auch bei Sonnenuntergang eine Garantie für Entschleunigung.

- Kalvarienberg, Aufgang: Nockhergasse 9, 83646 Bad Tölz
- ÖPNV: BRB RB 56, Haltestelle Bahnhof Bad Tölz, dann Fußweg 17 Minuten oder Bus 9612, Haltestelle Maierbräugasteig, Bad Tölz

Waldhelden am Wasserfall

64

Am Rottach-Wasserfall bei Rottach-Egern

Lauschige Grüntöne strahlen Geborgenheit, tiefen Frieden und gleichzeitig Vitalität aus. Der dunkle Zauber der moosigen Waldhelden ist hier kombiniert mit dem mystischen Blau des Wassers. Mal harmonisch und dann wieder wild fällt der Wasserfall in mehreren Stufen an senkrecht gestellten Kalkfelsen hinab. Mit welcher Kraft das kühle Nass teilweise unterwegs sein muss, lassen mehrere Gumpen an sonnigen Tagen nur erahnen. Dann muten die in die Felsen gehöhlten Löcher wie gemütliche Badewannen an. Baden ist hier weder verboten noch erlaubt, so bleibt es jedem selbst überlassen, sich im kühlen Wasser der Gumpen abzukühlen. Fest steht, eintauchen in die Magie des Waldes am pulsierenden Rottach-Wasserfall ist ein Genuss der Sinne.
Ob vorsichtig zwischen den Steinen kletternd, gelassen auf dem brückenunterbrochenen Weg schlendernd oder sich umhüllend von der Atmosphäre auf der Bank sitzend. Die Mischung aus inspirierendem Wasserblau und waldigem Moosgrün macht diesen Ort zu einem Platz, an dem man entspannen und verweilen möchte. Nicht selten lassen sich Eichhörnchen oder Entenfamilien beim Spielen beobachten.

TIPP

Romantische Plätze für ein gemütliches Picknick gibt es hier einige.

Der Rottach-Wasserfall ist nach gut 15 gemütlichen Gehminuten ab dem Parkplatz und der Bushaltestelle Mautstelle zu erreichen. Für trittfeste Wanderer ist das ebenfalls Start und Ziel für den Rundweg über die Untere Suttenalm. Dabei folgt man dem plätschernden Wasser des Flusslaufes durch das Rottachtal in Richtung Suttensee. Auf halber Strecke ist die Moni-Alm zu jeder Tageszeit eine erprobte Empfehlung. Ob Almfrühstück, leckere Brotzeit oder selbst gebackener Kuchen auf der sonnigen Terrasse. Bergblick ist hier immer kostenfrei inklusive. Würde man dem Wasser talwärts folgen, befände man sich nach wenigen Kilometern im Tegernsee.
Neben der Weißach, die das Kreuther Tal im Südwesten entwässert, ist die Rottach am südöstlichen Talende der zweitgrößte Zufluss des Tegernsees. Übrigens einem der saubersten Seen Bayerns.

- Spaziergang zum Rottach-Wasserfall (Start am Parkplatz Mautstelle Enterrottach), 83700 Rottach-Egern
- ÖPNV: Bus 9560 ab Rottach-Egern, Haltestelle am Parkplatz Mautstelle

Radikal regional

65

Der Genussmarkt machtSinn in Holzkirchen

Früher fand man sie in jeder kleinen Gemeinde, heute sind Dorfläden eine Rarität. Ein bisschen wie eine modern aufgepeppte Neuauflage dieser kommunikativen Einkaufsmöglichkeit mutet machtSinn an. Dabei ist das Konzept ebenso einfach wie ungewöhnlich.

Mitten im Raum steht eine lange Tafel, ein gemütlicher Ort der Begegnung von Gleichgesinnten. Denn neben ausschließlich regionalen und zu einem großen Anteil Bioprodukten ist die Küche ein zentraler Punkt in diesem besonderen Dorfladen. Täglich gibt es zu Mittag drei Speisen zur Auswahl, bei deren Herstellung die Gäste gerne zuschauen können.

Zu kulinarischen Events wie Knödeldrehen oder besonderen Kochkursen ist selbst Handanlegen jederzeit erwünscht. So lädt Chefkoch Bernhard live oder virtuell zum gemeinsamen Schnippeln, Plauschen und Lernen in seine offene Küche ein. Ob traditionelle Rezepte aus Omas Zeiten oder moderne Kreationen, es ist immer wieder überraschend und inspirierend. Doch egal, was wann bei machtSinn auf den Tisch oder in die Regale kommt, die Zutaten stammen ausnahmslos von Lieferanten, die das Betreiberpaar Brenner-Wolf persönlich kennt. Wertschätzung und Qualität: Nach diesem Prinzip arbeiten hier alle sinnvoll zusammen.

TIPP

Für eilige Heimschmecker gibt es alle Gerichte auch „to go".

Mit Herz und der Vision zur Transparenz haben Andrea und Bernhard neben einem Ort der Begegnung einen kleinen zentralen Marktplatz geschaffen. Liebevoll dekoriert in ansprechenden Holzregalen stehen exakt gekennzeichnete Produkte mit einem maximalen Herkunftsradius von 60 Kilometern. Nur bei Waren wie Wein, Kaffee oder Schokolade, die schlichtweg nicht in Oberbayern angebaut werden können, gibt es eine Ausnahme. Dann greifen Fairtrade und Bio bei Firmen mit ihrem Hauptsitz im heimischen Landkreis.

Hat man so seinen Wocheneinkauf glücklich getätigt, ohne bei jedem einzelnen Produzenten vorbeizufahren, ist sicher noch Zeit für ein Stück hausgemachten Kuchen mit köstlich duftendem Kaffee im neu gestalteten Genussgarten.

- Genussmarkt machtSinn, Raiffeisenstraße 8, 83607 Holzkirchen, Tel. (0 80 24) 6 08 89 24, https://machtsinn.bayern
- ÖPNV: BRB RB 56, Haltestelle Bahnhof Holzkirchen (Fußweg 20 Minuten)

GENUSS ERGREIFT LUST
EINFACH AUSSERGEWÖHNLICH
AUSSERGEWÖHNLICH EINFACH
dahoam bei dahoam
Alles
Unsere Ausnahmen:
für Zwischendurch

Grüne Gesundheitsoase

66 KneippGarten im Kurpark Bad Tölz

Storchenhaft ist der Gang derer, die auf den Spuren Pfarrer Sebastian Kneipps durch das 50 Zentimeter flache, kalte Becken waten. Elegant angeordnet, mit zusätzlichen Armbadebecken und Sitzmöglichkeiten, ist der KneippGarten eine frische Oase am Rande des Kurparks beim Vitalzentrum. Wasser und heilklimatische Luft, die wohl ältesten Heilmittel, unterstützen wirkungsvoll die Gesundheit. Punkte, die wie geschaffen sind, um Kneipps Naturheilkunde in den Gesundheitstourismus von Bad Tölz zu integrieren. Zumal Wasser und Tölz schon immer eine enge Verbindung pflegen. War es erst der Handel über die Isar, beruht der Kurerfolg der Stadt auf ihren jodhaltigen Quellen. Seit 1899, verliehen von Prinzregent Luitpold, trägt die Stadt das Prädikat „Bad" und etablierte sich neben der Jodquelle auch mit Heilklima und Moor als Gesundheitsstadt.

Unverzichtbar für einen aufstrebenden Kurort war ein zentrales Kurhaus für das kulturelle Leben. Was damals den Gästen ihren Aufenthalt verschönerte, funktioniert noch heute. Neben einem vielfältigen Veranstaltungsangebot bietet das Kurhaus modernste Gastronomie in herrlichem Ambiente. Die bordeauxroten Wände im edlen Restaurant sind ebenso beeindruckend wie der Kronleuchter im großen Festsaal. Gebaut nach den Plänen von Gabriel von Seidl erstrahlt es heute als eines der schönsten Häuser im Oberland.

Umgeben von wunderschönen alten Baumbeständen lässt es sich gemütlich auf einer der vielen Liegebänke im Kurpark pausieren. Farbenfrohe Blumenrabatten umrahmen kunstvoll die plätschernde Springbrunnen-Fontäne, die in direkter Sichtachse zum historischen Kurhaus auf der einen und dem Vitalzentrum auf der anderen Seite liegt. Veranstaltungen und Kurse rund um vitale Angebote finden hier regelmäßig statt. Ob gesundheitspräventive Vorträge, Kurse oder naturnahe Fortbildungen bis hin zu gesundem Essen, selbst zubereitet in der Lehrküche.

TIPP

Auf der Terrasse finden im Sommer an Sonntagen morgens musikalische Frühschoppen statt.

- KneippGarten im Kurpark, Kurhaus, Ludwigstraße, 83646 Bad Tölz
  www.kurhaus-badtoelz.com
- ÖPNV: Bus 9570, Haltestelle Ludwigstraße Kurhaus, Bad Tölz

Seenliebe trifft Bergblick

67 Lieblingsplätze rund um den Kochelsee

„Apricity" (a-PRIS-i-ti) beschreibt die Wärme von Sonnenschein im Winter. Es ist ein magischer Moment, wenn langsam die ersten Sonnenstrahlen über die weißen Berggipfel blinzeln und den See in goldweiches Licht tauchen. Den EINEN Glücksort rund um den Kochelsee gibt es nicht und auch die Jahreszeit spielt hier keine entscheidende Rolle, um genussvoll zu verweilen.

Es ist einer der schönsten Anblicke im bayerischen Voralpenland, wenn sich in der glatten Oberfläche des schier transparenten Sees azurblau der Himmel und die Silhouette der angrenzenden Gipfelkette spiegeln. Schroff ragen Herzogstand und Heimgarten über dem Kochelsee empor, um gemeinsam ein Naturschauspiel der letzten Eiszeit zu bilden. Als der Isar-Loisach-Gletscher vor ungefähr 10.000 Jahren verlandete, hinterließ er neben dem über 66 Meter tiefen und 15 Kilometer langen Kochelsee auch im Norden eine ausgedehnte Hochmoorlandschaft. Als Naturschutzgebiet ist es eines der größten Feuchtgebiete Deutschlands. Der See ist von jeder Himmelsrichtung betrachtet ein Ort purer Seelennahrung. Ein kleiner hölzerner Steg führt hinaus zu den drei Bootshäusern bei Schlehdorf. Schnatternd gleiten Haubentaucher, Blesshühner und Schwäne gemütlich auf dem Wasser. Im Schilf quaken die Frösche und immer wieder wird der Blick fast magisch auf die Berge gezogen. Am Parkplatz der Kristall Therme stehen Bänke direkt am schilfigen Ufer und geben den Blick auf alte Wurzeln frei. Von hier ist der Blick direkt in den Sonnenuntergang gerichtet. Wer an der Einfahrt zu ebendiesem Parkplatz einen kleinen Abstecher hinab zur Brücke macht, spürt die Kraft der Loisach, wie sie elegant aus dem See in Richtung München fließt.

Am nördlichen Ufer ist das Erlebniskraftwerk an sich schon ein überwältigender Ort. Felsige Momente in Ruhe und Abgeschiedenheit kann erleben, wer entlang des Felsenweges um den Stein spaziert und dort Momente des Augenkonfektes auf einer exponierten Felsnase auf sich wirken lässt.

● Diverse Orte am See, Informationen bei der Tourist-Info, Bahnhofstraße 23, 82431 Kochel am See, Tel. (0 88 51) 3 38, www.zwei-seen-land.de

Braukunst am Gasthaus

68 Tölzer Mühlfeldbräu im Gasthaus in Bad Tölz

Bier aus der eigenen Brauerei, erstklassige kulinarische Köstlichkeiten im modern interpretierten Gasthaus und eine kleine Bühne mit abwechslungsreichem Programm, das sind die Zutaten für einen Glücksort, der alle Sinne verzaubert.

Es sind die Biermacher aus dem Isarwinkel, die im Mühlfeld die lange Tradition der Tölzer Brauereien wieder aufleben lassen. Unweit der Mühlfeldkirche, dem Ort, an dem sich einst kühlende Bierkeller befanden und das Tölzer Bier seinen Ursprung hat, wurde bereits vor Hunderten von Jahren gebraut. So historisch die Gebäude, so modern ist heute die Technik, die mit viel Liebe und handwerklichem Geschick für köstliches Bier sorgt. Was sich nicht geändert hat, ist das bayerische Reinheitsgebot. So verwandeln sich regionale Zutaten höchster Qualität unter den wachsamen Augen von Braumeister Maximilian Liebhart zu klassischen Sorten. Auch regelmäßig neu komponierte Craftbiere finden sich im Angebot.

TIPP

Abwechslungsreiches Programm bietet die kleine Bühne im Gewölbekeller unter dem Gasthaus.

Ursprünglich war das Mühlfeldbräu bei seiner Eröffnung 2008 als Gasthausbrauerei gedacht. Rasant entwickelte sich die Wiederbelebung der ausgestorbenen Braukunst über die Grenzen der Stadt hinaus und erfreut sich einer stets wachsenden Zahl von Genießern. Das Gasthaus, in dem es neben süffigem Bier eine stärkende Brotzeit und eine ausgewogene Vielfalt ausgesuchter Köstlichkeiten gibt, befindet sich direkt nebenan. Große Fensterfronten, die teilweise an die beschirmte Terrasse grenzen, helles Holzinterieur und ein herzlicher Empfang sind garantiert. Es duftet – wie zu erwarten – je nach Tageszeit nach frischem Kaffee oder Tölzer Sushi.

Hochwertige Produkte von lokalen Erzeugern werden ohne überflüssige Zusatzstoffe immer frisch zubereitet. Geschmack, der in gemütlichem Ambiente mit einem hellen, klaren Design zu neuen Höchstformen aufläuft. Die Kunst des Kochens ist für die beiden Vollblutgastronomen Tino und Claus eine liebevolle und mit Leidenschaft ausgeübte Handwerkskunst.

- Tölzer Mühlfeldbrauerei – Gasthaus und Brauerei, Bahnhofstraße 2 und 4, 83646 Bad Tölz, Tel. (0 80 41) 7 92 94 07, www.gasthaus-toelz.de
- ÖPNV: BOB, Haltestelle Bahnhof Bad Tölz (Fußweg 5 Minuten)

„Hygge“ mit Bergblick

69 Ausblick mit purem Genuss in Hechenberg

Ist das wirklich noch Bayern oder doch eher Kanada? Majestätisch erheben sich die leicht gezuckerten Berggipfel der Alpen. Freier Blick vom Wendelsteinmassiv bis zu den Allgäuer Alpen. Ein wahrer Höhenflug für die Sinne beim Blick über das Isartal. Sanft geschwungene Hügel, Baumwipfel und weidegrüne Wiesen, so weit das Auge reicht. Schier unendliche Weiten kombiniert mit zeitloser Ruhe. Es ist ein kleines Paradies auf Erden, an dem die Hektik des Alltags Platzverbot hat. Hier oben auf der Bank sitzend, schweift der Blick in die Ferne und bringt Augen und Sinne in einen Urlaubsmodus.

Es lohnt sich, ein bisschen was zum Essen und Trinken einzupacken, um es gemütlich mit Bergblick zu genießen. Das sind die Zutaten für romantische Glücksmomente. Ob Sonnenaufgang, Sonnenuntergang oder ein Picknick. Gemütlich in eine Decke gekuschelt verwandelt sich eine einfache Holzbank beglückend in einen Ort für vollkommene Momente.

Als älteste Siedlung des Isarwinkels liegt Hechenberg auf dem Rücken einer Isarmoräne. Ziemlich sicher war es nicht die romantische Ader, sondern vielmehr der faszinierende Blick, der das Pfarrdorf einst zur Isarburg machte. Die Burg existiert zwar nicht mehr, doch sollte das Wetter sich nicht besonders picknickfreundlich zeigen, gibt es im kleinen Ort Hechenberg eine genussvolle Möglichkeit, Momente voller Glück im Moarwirt zu erleben. Alles bio, um es sich so richtig „guad gehen“ zu lassen.

Doch wer sagt, dass nicht auch kühles Wetter, Wolken und Wind ein Picknick zu einem ganz besonderen Moment der Vollkommenheit werden lassen können? Passendes Equipment wie heißer Tee mit Keksen eingepackt und das Genussabenteuer kann beginnen.

TIPP

Von den Ferienwohnungen auf dem Pferdegestüt Kappelsberger hat man diesen Ausblick zum Frühstück.

● Aussichtspunkt Hechenberg in Helfertsried, 83623 Dietramszell

Nachhaltige Papierkultur

70 Büttenpapierfabrik Gmund am Tegernsee

4 Meter im Jahr wächst es, geerntet wird bis zu dreimal im Jahr und so entsteht aus 5 Hektar Hanf genauso viel Papier wie aus 4 Hektar Wald. Dabei gibt Hanf Unkraut keine Chance, ist von Natur aus hell, bietet einen verbesserten Altpapierkreislauf und kann besonders gut recycelt werden.

Die Sprache ist von Gmund Hanf und damit von einer ökologischen und kreativen Sensation. Was aber hat das alles mit einem echten Glücksort zu tun? Die Antwort wird deutlich bei einem Blick hinter die Kulissen der Papierherstellung. Sehen, hören und fühlen lässt sich der Weg vom Rohstoff zum edlen Papier. Hier wird gemahlen und gefärbt, bis sich die Zellstoffmasse auf eine nass-heiße Fahrt über Bänder und walzende Maschinen schlängelt. So nimmt sich das Wandeln durch die Farbenpracht der riesigen Papierrollen fast wie Magie aus, bevor es nach riesigen Schneidemaschinen in Handarbeit weitergeht.

Was dabei herauskommt, sind edle Papiere, die es teilweise bis nach Hollywood oder auf edle Champagnerflaschen schaffen. Dabei ist es immer die richtige Mischung von Ökologie, Tradition und Innovation, die zu immer neuen Kreationen hochwertiger Feinstpapiere perfektioniert wird. Getreidebestandteile aus Maische kommen dabei ebenso zur Verarbeitung wie Torf, Stroh oder eben Hanf. Womit sich der Kreislauf im wahrsten Sinne des Wortes schließt. Schon immer haben die Papiermacher vom Tegernsee Verantwortung für nachhaltigen Umweltschutz bei der Fertigung von Papier übernommen. Sei es durch eigens produzierte Energie, Reduzierung des Wasserverbrauchs um 70 Prozent oder die ausschließlich umweltfreundliche und nachhaltige Rohstoffverwendung.

Wie ästhetisch das Ergebnis sein kann, wird am Ende der spannenden Produktionsführung im kleinen Papierparadies des Shops der Manufaktur deutlich. Ein nachträgliches Highlight ist, wenn das eigene schöpferische Papiererlebnis ein paar Tage nach der unvergesslichen Besichtigungstour zu Hause eintrifft.

TIPP
Kulinarisch glücklich geht es ein paar Schritte entfernt im Mangfall Blau zu.

- Büttenpapierfabrik Gmund, Mangfallstraße 5, 83703 Gmund, www.gmund.com
- ÖPNV: BRB RB 57, Haltestelle Bahnhof Gmund (Fußweg 15 Minuten)

0,3 KG
"0,3 KG CANNABIS INSIDE"
"1,2 KG CANNABIS INSIDE"
"0,3 KG CANNABIS INSIDE"
Gmund Hanf
FEEL GOOD CARD
LIEBE GRÜSSE
VON HERZEN
HERZLICHE GRÜSSE
Grüne Grüße Set

Im Schmetterlingsparadies

71

Rund um den Suttensee bei Rottach-Egern

Lauthals quaken die Frösche, surren schillernde Libellen und nicht selten sieht man einen Fuchs am dunkelgrünen Gebirgssee. Grün heißt: Hier kannst du dich entspannen und geborgen fühlen. Es ist eine Mischung aus weichen Farben, dem Duft des Waldes und dem ruhigen See, ideal um herunterzukommen und dem Alltag zu entfliehen.

Einmalig und einsam gelegen bietet der Suttensee traumhafte Plätze auf seinem kurzen Rundweg zum Faulenzen und Ankommen. Teilweise schattig führt ein schmaler Weg über kleine Holzbrücken, vorbei an interessanten Felsen und sonderbar anmutenden Bäumen.

Hätte der Mensch nicht in die Natur eingegriffen, würde es dieses Idyll nicht geben. Geologische Gegebenheiten durch die letzte Eiszeit und steinerne Formationen haben ein Hochtal geformt und die Entstehung von Mooren gefördert. Der Suttensee selbst verdankt seine Entstehung dem Salzbedarf. Im 19. Jahrhundert war Salz ein kostbares Gut. Die Salzquellen in Bad Reichenhall und Rosenheim waren eine wichtige Einnahmequelle und so wurden enorme Mengen Brennholz zum Verdampfen der Sole benötigt. Um Holz systematisch zu nutzen, wurde im Moor des Suttengebietes ein Damm errichtet. Durch eine Klause entstand ein künstlich erzeugtes Hochwasser, um angestautes Wasser für den schnelleren Transport der Holztrift durch den kleinen Gebirgsbach Rottach bis in den Tegernsee zu haben. Gebündelt über den See getrieben und über die Mangfall nach Rosenheim getriftet.

TIPP

Ab Parkplatz Enterrottach fährt regelmäßig ein Wanderbus zum See.

Weder wird heute Holz auf diesem Weg transportiert noch Salz gesiedet. Die Natur hat sich erholt und eine wunderschöne Moorlandschaft bietet eine reiche Vielzahl an seltenen Tieren und besonderen Sumpfpflanzen. Ein Paradies für Schmetterlinge und somit pure Glücksmomente mit Bergblick am See.

Die Region eignet sich hervorragend für genussvolle Wanderungen, Skifahren im Winter und gemütliche Einkehr. Die Moni-Alm bietet mit einem großen Parkplatz und öffentlicher Bushaltestelle einen wunderbaren Start- und Zielpunkt.

- Suttensee, 83700 Rottach-Egern
- ÖPNV: Bus 9560 ab Tegernsee, Haltestelle Moni-Alm, Rottach-Egern

Wenn's pfeift und matscht

72

Moorerlebnispfade beim Kloster Benediktbeuern

Bereit für ein mooriges Genusserlebnis? Kurz hinter den mächtigen Mauern des Klosters Benediktbeuern werden Barfußpfade morastig, kleine Tümpel zu Schmetterlingsparadiesen und Berge zu Genussgipfeln. Es ist das Loisach-Kochelsee-Moor, das durchzogen von einem filigranen Netz an Entwässerungsgräben Lebensraum für seltene Tiere und Pflanzen bietet. Als eines der bedeutendsten Moorgebiete Süddeutschlands ist die 3600 Hektar große Niedermoorlandschaft entsprechend dem europäischen Biotop-Verbund NATURA 2000 ausreichend geschützt.

Das Zentrum für Umwelt und Kultur ZUK e.V. sorgt auf besondere Art für die ökologische wie auch touristische Nutzung der artenreichen Flora und Fauna und ihrer großflächigen Lebensräume. Es ist ein herrliches Gefühl, mucksmäuschenstill in der hölzernen Vogelstation Moosmühle zu kauern und Schwarzkehlchen, Wachtelkönig oder Wiesenpieper in ihrem natürlichen Umfeld zu beobachten. Deutlich versteckter erholen sich die vielen vom Aussterben bedrohten Insekten und Amphibien in dieser alten Kulturlandschaft.

TIPP

Ein Kaffee im Klosterladen inmitten eines kleinen Kräutergartens ist ein Duftspiel für alle Sinne.

Den lehrreichen Zugang zu diesem schützenswerten Fleck erhalten Besucher auf verschiedenen Pfaden. Träumen mit offenen Augen lässt es sich im Schmetterlingsgarten. Ein Ort, getaucht in Seelenwärmer-Grün. Hier können die Füße wieder trocknen, nachdem sie teils matschig moorige Wege im gegenüberliegenden Moorlehrpfad überwunden haben. Spüren mit den Füßen, ein Abenteuer für viele kleine, aber auch große Kinder. Wer ein paar Kilometer dem gut ausgeschilderten und kinderwagentauglichen Weg folgt, kommt vorbei an Klangpfad und Vogelstation zu einem weiteren Moorpfad. Neben Balancieren, Schweben und Kriechen geht es hier für alle Mutigen mit einem Floß über einen kleinen Moorsee.

Wie fühlt sich das braune Moor zwischen den Zehen an? Wie klingt ein großer Brachvogel und sehen wir vielleicht eine Kreuzotter? Antworten, die das ZUK in Führungen, Exkursionen und Seminaren liefert. Es sind die Momente im Hier und Jetzt, die zum Glück führen.

● Zentrum Umwelt & Kultur ZUK e.V. am Kloster Benediktbeuern, Zeilerweg 2 (Maierhof), 83671 Benediktbeuern, Tel. (0 88 57) 8 87 77, www.zuk-bb.de/zuk
● ÖPNV: RB 66, Haltestelle Bahnhof Benediktbeuern

Blühende Yogakunst

73

Unartig am Amortplatz in Bad Tölz

„Ich mach mir die Welt, wie sie mir gefällt", so entstehen nicht nur bei Pippi Langstrumpf Orte, an denen man das Leben mit einem Augenzwinkern betrachten kann. Blumenläden gibt es viele. Wirklich ungewöhnlich und auch ein wenig unkonventionell wird es am Amortplatz in Bad Tölz. Unartig ist hier Programm. Zauberhafte Sträuße, ungewöhnliche Gestecke und ein wahres Blumenmeer sorgen bereits vor dem Laden für ein einladendes Ambiente. Platz nehmen auf einer der Bänke und den Blick über die Isarbrücke und den Kalvarienberg schweifen lassen. Geschmackvoll verwandelt Antje mit ihrem Team die direkte Umgebung von Café Love, Rendezvous und dem Tölzer Programmkino in eine kleine Oase. Hier verbindet sich Altes mit Neuem, Kunst mit Kaffee und Yoga mit Blumen. Es ist einfach schön, zu beobachten, wie sich hier Menschen mit Menschen verbinden.

TIPP

Seit 1952 steht das Filmtheater am Amortplatz. Eine Kulturinstitution mit außergewöhnlichem Programm.

Ganz besonders mutet es an, wenn man vom samtig grünen Duft im Ladeninneren begrüßt wird. Bunt und unkonventionell wie schon der Schriftzug auf der Scheibe geht es hier weiter. Ausgefallene Accessoires stehen stilvoll vermischt mit zahlreichen frischen Blumen. Viele Dinge, die man hier findet, sind gebraucht, antik, zweckentfremdet, was auch bedeutet, schon einmal produziert. Mitten in diesem kleinen Urwald gurgelt munter an der Bar der Kaffee. Vegan oder klassisch? Je nach Gusto und gerne mit einem netten Gespräch.

Unartig kreativ geht es ein Stockwerk höher weiter. Hölzern knirscht die Treppe, bevor der Blick in die niedrigen Räume schweift. Mit einer Tasse Kaffee in der Hand lässt sich die kleine Ausstellung genießen, die jungen Künstlern der Umgebung eine großartige Plattform bietet. Unartig-erfrischend-anders ist ein Ort, an dem sich Menschen begegnen. Was passt da besser, als in diesen einzigartigen Räumlichkeiten regelmäßig Yogastunden oder floristische Workshops mit saisonalen Protagonisten zu erleben?

- Unartig Bad Tölz, Amortplatz 1, 83646 Bad Tölz, Tel. (0 80 41) 4 37 92 41
www.unartig-erfrischend-anders.de
- ÖPNV: Bus 9570 vom Bahnhof Bad Tölz, Haltestelle ZOB Isarkai oder Haltestelle Amtorplatz

Immaterielles Kulturerbe

74 Leonhardifahrt in Bad Tölz

Es sind lebhafte Bilder, außergewöhnliche Geräusche und die faszinierende Tradition von gelebtem Brauchtum, die, hat man sie einmal erlebt, nicht mehr in Vergessenheit geraten.
Wenn um 9 Uhr die Kirchenglocken ertönen, setzen sich rund 80 Wagen, aus dem Tölzer Badeteil kommend, langsam in Bewegung. So will es die Tradition der seit über 250 Jahren stattfindenden Leonhardifahrt, bei der sich die Pferdeprozession über den engen, steilen und kurvigen Weg auf den Kalvarienberg begibt. Vernehmlich scheppern die mit Eisen beschlagenen Räder im Gleichklang mit den Hufen über das historische Pflaster die Marktstraße hinauf. Untermalt vom Bimmeln der unzähligen Glöckchen an den farbenprächtigen Geschirren der Pferde, kombiniert mit Blasmusik. Prachtvoll geschirrte Vierergespanne, wunderschön geschmückte, handbemalte Truhen- und Tafelwagen, in denen – festlich herausgeputzt – Tölzer in Tracht sitzen. Vornweg, in den ersten Wägen, die Stadtoberen und Geistlichen.
Leonhardi, es fühlt sich immer ein bisschen wie eine traditionelle Zeitreise an. Es ist wie eine Szenerie aus einem Heimatfilm, treffen die Gespanne auf dem Gipfel des Kalvarienberges ein. An der kleinen, schmucken Leohnhardikapelle werden vor dem Gottesdienst Wallfahrer und Rösser gesegnet. Im Anschluss fliegen die traditionellen Fuhrmannspeitschen beim geräuschvollen Wettkampf der „Goaßlschnalzer“. Echt und herzlich sind die Feste und Feierlichkeiten, mit Liebe zur Heimat verbunden.
Kaum ein Heiliger wird in Bayern mehr verehrt als der heilige Leonhard von Limoges, der Schutzpatron aller Nutztiere. Zu seinen Ehren finden jährlich (meist) am 6. November, dem Namenstag St. Leonhards, vielerorts Prozessionen, Fahrten und Ritte statt.
Die bekannteste dürfte die Bad Tölzer Leonhardifahrt sein, die 2016 in das bundesweite Verzeichnis des immateriellen Kulturerbes aufgenommen wurde.

TIPP
Rund um den Tegernsee finden ebenfalls viele Fahrten, Ritte und Brauchtumsveranstaltungen statt.

- Leonhardifahrt, Informationen bei der Tourist-Info, Max-Höfler-Platz 1, 83646 Bad Tölz, Tel. (0 80 41) 7 86 70, www.bad-toelz.de
- ÖPNV: BOB, Haltestelle Bahnhof Bad Tölz oder diverse Busse, Haltestelle ZOB Isarkai

Literatur vom Tegernsee

75 Zwölf literarische Touren rund um den See

Bekanntes, Unbekanntes und längst in Vergessenheit Geratenes. Das literarische Erbe des Tegernsees ist groß und so stellt sich kaum die Frage, was die bayerische Legende vom Brandner Kasper, das älteste lateinische Drama der „Ludus de Antichristo" und eine Vielzahl an Romanen von Hedwig Courths-Mahler gemeinsam haben. Entstanden sind sie alle direkt am See und so bietet das Tal literarischen Stoff aus Jahrhunderten. Angefangen vor über 1000 Jahren, als das benediktinische Kloster Tegernsee mittelalterliches Zentrum von Literatur und Buchkunst in Bayern war.

Auf genau diesen Spuren schriftstellerischer Größen lässt es sich heute wandeln. Unbekanntes und Vergessenes entdecken und dabei kurze Spaziergänge oder genussvolle Wanderungen rund um den Tegernsee erleben. Zwölf Touren führen an die Orte, an denen Literatur entstanden ist.

TIPP

Ein anschließendes Jod-Schwefel-Bad macht müde Muskeln wieder munter.

Eine Infotafel vis-à-vis der imposanten Skulpturengruppe dreier philosophierender Männer bildet am Kurpark Rottach-Egern den Startpunkt für eine knapp 3,5 Kilometer lange, barrierefreie Rundtour auf den Spuren der Brüder Ganghofer. Ludwig, zu seiner Zeit erfolgreichster Autor Deutschlands, und Multitalent und Überlebenskünstler Emil vermitteln an zehn Stationen allerlei Anekdoten und Geschichten. Digital ist die Wegbegleitung. Per QR-Code bekommt man einfach über das Smartphone Zugang zu literarischen Geschichten und Wissenswertes zu den Orten, die spannende Wegpunkte bilden. Was künftig auch über Audioguides abzurufen ist, wird ebenfalls als persönliche Führung durch die Tegernseer Heimatführer für Gruppen angeboten.

Ob Tegernseer Sagen, Gmundner Originale oder auf den Spuren von Bestsellerautorinnen, jede Tour verspricht unterhaltsame und lehrreiche Augenblicke. Mein Highlight ist die Fragestellung, warum Wiessee beinahe Klein-Texas geworden wäre. Die Antwort ist eng mit Deutschlands stärksten Jod-Schwefel-Quellen verbunden und lässt sich dort bei einem gemütlichen Spaziergang entdecken.

● Alle zwölf LiteraTouren unter www.tegernsee.com/literatouren

Logenplatz für Romantiker

76

Klosterbräustüberl Reutberg in Sachsenkam

Fasziniert von der Magie der Stille auf dem hölzernen Steg sitzen, ein warmes Getränk in den Händen und den Blick auf die fernen Berggipfel gerichtet. Mit kraftvollem Glutrot taucht die untergehende Sonne dieses Naturidyll in wohltuende Dämmerung. Ein Glücksort, um im Kraftfeld von Bergen, Wäldern und Wasser neue Energie zu gewinnen. Melodisch quaken die hier heimischen männlichen Seefrösche. Moorig braun liegt er ganz still in der Abenddämmerung, der Kirchsee. Mit seinen 42 Hektar verdankt der natürliche Moorsee seine Entstehung der Würmeiszeit, die bis vor 20.000 Jahren mit einer Gletscherzunge des Isar-Loisach-Gletschers seine lang gestreckte Mulde formte. Ruhige Buchten und Wiesen laden zum Verweilen und Genießen ein. Wie gemacht für ein romantisches Picknick. Ein kleiner Kiosk markiert den Weg zu den ausgewiesenen Badestellen. Aufgrund der schützenswerten und trittempfindlichen Ufer- und Moorvegetation darf das Ufer außerhalb der ausgewiesenen Badestellen nicht betreten werden.

TIPP
Im Sommer lädt der Kirchsee zu einer moorigen Abkühlung ein. Picknick inklusive.

Ein Se(e)hnsuchtsort inmitten des Naturschutzgebietes Ellbach- und Kirchseemoor. Einzigartige Tagfalterarten, wie der Mädesüß-Perlmuttfalter, der Wachtelweizen-Scheckenfalter, sowie die bläuliche Königslibelle haben hier eine Heimat. Ein Eldorado für gemütliche Spaziergänge mit bemerkenswertem Bergpanorama.

Wenige Hundert Meter Luftlinie entfernt von moorigen Ausblicken thront in idyllischer Lage das Kapuzinerinnenkloster seit 1651 auf einer Anhöhe außerhalb von Sachsenkam, umgeben von Wiesen, Feldern und Wäldern. Ein Platz wie geschaffen für einen Biergarten, von dem aus man unter Schatten spendenden alten Kastanien Reutberger Bier genießt. Die Tradition des Bierbrauens wird hier seit 1677 gepflegt, und das bei fantastischer Aussicht auf die Berge des Isarwinkels und des Karwendelgebirges.

- Klosterbräustüberl Reutberg, Am Reutberg 2, 83679 Sachsenkam, Tel. (0 80 21) 86 86, www.klosterbraeustueberl.de
- ÖPNV: Bus 9553, Haltestelle Kloster Reutberg, Sachsenkam

Verführung für alle Sinne

77

Im Kräuter-Erlebnis-Park in Bad Heilbrunn

Angenehm frisch duftet es nach heimischen Wildkräutern, ein Farbenrausch für die Augen und überall summt und brummt es im üppigen Grün. Von besänftigend über tiefgründig bis hin zu kräftig reifen Schattierungen ist alles zu entdecken. Idyllisch schmiegt sich der Kräuter-Erlebnis-Park in den heilklimatischen Kurort Bad Heilbrunn. Über 400 verschiedene Wild-, Küchen-, Heil- und Teekräuter lassen sich im Park entdecken. Kombiniert mit teils versteckten Ruheinseln sind Auszeitgenießer hier schlagartig im Slow-Living-Modus unterwegs, verführen die Sinne mit angenehmen Erlebnissen.

Zahlreiche Veranstaltungen, Führungen und Kurse vermitteln viel Wissenswertes über die Kräuter. Im Vordergrund steht neben dem „er“kennen, riechen, fühlen und schmecken immer, das Genussabenteuer mit allen Sinnen zu erleben.

Gemeinsam mit anderen wunderbaren Anlagen, wie dem BergKräutergarten OimXund auf dem Brauneck, dem Permakulturgarten Klostergut Schlehdorf oder den Bauerngärten im Freilichtmuseum Glentleiten, bildet der Heilbrunner Kräuterpark eine außergewöhnliche Kräuterregion. Es ist das alte Wissen um unsere heimischen Kräuter, das dank zertifizierter Kräuterpädagoginnen im Tölzer Land liebevoll vermittelt wird.

Das Potpourri ist bunt wie die Kräuterwelt. Immer aber ist es eine Mischung aus abwechslungsreicher Information, Magie und Entspannung. Nahrung und Heilkräfte – die Natur hat uns Menschen von jeher alles, was wir zum Leben brauchen, geboten. So finden geführte Kräuterwanderungen in den Gärten, aber auch im Tal oder auf dem Berg statt. In Kochkursen und Workshops geht es um Aromen und Inhaltsstoffe, Verarbeitung und Wirkung. Ein spannendes Feld, das man dank ausführlicher Beschilderung im Kräuter-Erlebnis-Park auch für sich alleine erkunden kann.

Nach dem inspirierenden Rundgang geht es auf die ruhige Sonnenterrasse des Bistro-Cafés. Direkt am Park gelegen sorgen frisch gebackene Kuchen für die Erfüllung der Mission glücklich.

● Kräuter-Erlebnis-Park, Wörnerweg 4, 83670 Bad Heilbrunn, Tel. (0 80 46) 3 23
● ÖPNV: Bus 9612, Haltestelle Gästeinfo Bad Heilbrunn

Kräuterschätze finden

78 Wildes Frühstück bei Natur & Kräuter

Wilde Schätze – begeisternd, berauschend und beglückend. Vor dem kulinarischen Genuss steht eine gemütliche, aber sehr lehrreiche Kräuterwanderung. „Wer weiß, was es ist, wo es wächst und wie man es am besten zubereitet, findet in der Natur ein reichhaltiges Angebot an gesunden und köstlichen Kräutern im Tölzer Land", erklärt Shirin auf unserer Runde über bunte Wiesen. Unser Ziel ist es, Köstlichkeiten für ein wildes Frühstück im sonnigen Garten des Kräuterstüberls zu sammeln. Gemeinsam mit der zertifizierten Kräuterpädagogin geht es auf eine spannende und abwechslungsreiche Reise durch die Kräuterwelt rund um Arzbach. Achtsam entlang des Waldrandes wandernd, offenbaren plötzlich ganz unscheinbare Pflanzen ihr duftendes Geheimnis. Es ist eine Mischung aus bewusstem Wahrnehmen, überraschender Wissensvermittlung und einem vorsichtigen und nachhaltigen Schöpfen aus der Natur.

Zurück am Kräuterstüberl werden die gesammelten Schätze liebevoll mit Butter und Quark zu genussvollen Brotaufstrichen verarbeitet. Bunte Blüten finden ihren Weg in den Sekt und das zuvor frisch gebackene Brot duftet verführerisch. Inmitten einer grünen Oase lässt sich das neu erworbene grüne Wissen noch mal im Gespräch vertiefen und nebenbei unser Essen genießen.

Kräuterwanderungen, Naturtage oder ein wildes Frühstück sind nur Auszüge aus dem spannenden Programm, das es bei Shirin mit der Natur und durch die Natur zu erleben gibt.

Geht es darum, tiefer in die Geheimnisse der Pflanzen einzusteigen, bieten sich unterschiedliche Workshops an. Nach gemeinsamen Wildkräutersammelaktionen werden unter fachlicher Anleitung Öle, Tinkturen oder andere spannende Dinge angesetzt. Aber auch altbekannte „Unkräuter" werden in gemütlicher Runde noch einmal neu entdeckt und in wahre Delikatessen verwandelt. Regelmäßige Glücksmomente liefert das gemütliche Kräuterstüberl, wenn es jeden Montag ab 18 Uhr seine Türen für alle Interessierten öffnet, um sich gemeinsam kreativ auszutauschen und auszuleben.

- Natur & Kräuter, Hauptstraße 10, 83646 Arzbach, Tel. (01 75) 5 46 47 33
www.naturundkraeuter.de
- ÖPNV: Bus 9564, Haltestelle Arzbach Kramerwirt, Wackersberg

Kraft tanken in der Natur

79 Pestkapelle zur Waldherralm in Wackersberg

Auftanken auf dem Sonnenplateau von Wackersberg. Es ist ein kilometerlanger Hügel, der sich bis knapp 4 Kilometer südlich von Bad Tölz in der letzten Eiszeit formte. So wärmend die Sonne hier oben bei gemütlichen Rundwanderungen ist, so schneidig kann auch der Wind durch die idyllische Natur pfeifen. Immer im Blick, die massiv im Süden aufragende Benediktenwand mit dem angrenzenden Brauneck. Blau strahlt mit ein paar weißen Federwolken der bayerische Himmel über bunten Weidewiesen, auf denen seelenruhig die Kühe weiden. Die hölzerne Bank lehnt an der kühlen weißen Wand, dahinter erhebt sich die Kapelle.

Es ist die naturverbundene Aussicht, die an diesem Ort für Seelennahrung sorgt. Schaut man ein wenig tiefer in die Geschichte, ist der Anlass für den Bau der Pestkapelle ein trauriger. Schwer getroffen von der Pest während des Dreißigjährigen Krieges starben 1634/35 fast alle Einwohner des kleinen Dorfes Wackersberg. In einem Hügelgrab wurden die Toten bestattet und im Jahre 1638 die Pestkapelle darauf errichtet. Schlicht in hellen Farben gestaltet, vermittelt auch das Innere Momente der Stille.

In der Ruhe liegt die Kraft und so sind es nur ein paar gemütliche Wanderminuten auf schmalen Wiesenwegen entlang eines plätschernden Baches, um die Waldherralm zu erreichen. Gemütlich geht es hier auf der sonnigen Südterrasse zu. Mit dem fesselnden Blick über weite Wiesen und das märchenhafte Alpenpanorama schmecken Köstlichkeiten der bayerisch geprägten Karte gleich doppelt gut. Kuschelig warm ist es in der kalten Jahreszeit, wenn der Kachelofen das hölzerne Stüberl in angenehmes Warm taucht. Herrlich duftender Kaffee und selbst gemachter Kuchen machen es wirklich schwer, sich noch ein paar weitere Schritte zu bewegen. Wer den inneren Schweinehund überwindet, sich zu einer leichten Bergwanderung auf den 1248 Meter hohen Blomberg oder den Zwiesel hinauf aufrafft, dem eröffnen sich traumhafte Aussichten in das Alpenvorland bis hinaus zum Starnberger- und Ammersee.

● Waldherralm, Lehen 14, 83646 Wackersberg, Tel. (0 80 41) 95 20
www.waldherralm.de

Frühere Flusstransportwege

80 Flößerpfad und Wirtshaus Flößerei

Sanft weht die frische Brise, aufsteigend aus der Loisach, durch den großzügigen Biergarten. Typisch bayerisch lässt es sich hier, zentral und doch abseits der Stadt, direkt am Sebastiansteg, genießen. Mit etwas Glück liegt gerade ein Floß auf dem Wasser, auf dem man sich bewirten lassen kann. Sind die Tage kühler, wird es gemütlich im Inneren des Gasthauses Flößerei. Die Jahreszeit spielt keine entscheidende Rolle, um ab diesem Auszeitort einen entspannten und zugleich lehrreichen Spaziergang entlang des ruhig dahinfließenden Flusses zu unternehmen.

Auf den Spuren des potenziellen immateriellen Weltkulturerbes führt der Flößerpfad behinderten- und familiengerecht etwa 2,4 Kilometer als Spazierweg. Start ist an der Alten Floßlände, entlang der Loisach über Brücken und Wehre. Reich bebilderte Informationstafeln, kombiniert mit der Möglichkeit, anhand von Audio- und Filmdateien das alte Handwerk der Flößerei hautnah mit all seinen Facetten zu erleben.

TIPP

Märchenhaft geht es für Klein und Groß im Wolfratshauser Märchenwald zu.

Heute organisieren Floßmeister freizeitliche Erlebnisfahrten von Wolfratshausen bis nach München. Was inzwischen purer Spaß ist, war früher körperliche Schwerstarbeit. Vermutlich nutzten bereits die Römer das uralte Handwerk und damit die reißenden Bergflüsse als Transportwege. Holzstämme wurden fest miteinander verbunden, auf die Reise über Loisach und Isar und schließlich über die Donau bis nach Südosteuropa geschickt. Mit einer Geschwindigkeit von 8 bis 10 Stundenkilometern war die Fracht deutlich schneller unterwegs als mit Pferdefuhrwerken.

1159 verlieh Graf Berthold III. den Wolfratshauser Flößern das Recht, Flöße als Transport- und Fortbewegungsmittel zu nutzen. Neben Holz sorgt die Beförderung von Kalk und Stein, aber auch von Lebensmitteln wie Käse, Getreide und Bier sowie Instrumenten aus Mittenwald oder Wolle für ein blühendes Handwerk. Bis, ja bis die Eisenbahn das Floß als wirtschaftliches Transportmittel verdrängte. Seither lebt die Tradition an der Loisach als Vergnügen für Genussabenteurer.

- Flößerpfad (Start an der Alten Floßlände), 82515 Wolfratshausen
Wirtshaus Flößerei, Hammerschmiedweg 6, 82515 Wolfratshausen, Tel. (0 81 71) 38 62 58 10, www.wirtshaus-floesserei.de
- ÖPNV: S7, Haltestelle Bahnhof Wolfratshausen (Fußweg 5 Minuten)

Wirtshaus
Flößerei
Wirtshaus
Flößerei

Bibliografische Informationen der Deutschen Nationalbibliothek
Die Deutsche Nationalbibliothek verzeichnet diese Publikation in der Deutschen Nationalbibliografie; detaillierte bibliografische Daten sind im Internet über http://dnb.d-nb.de abrufbar.

Konzeption/Satz: Droste Verlag, Düsseldorf
Einbandgestaltung und Illustrationen: Britta Rungwerth, Düsseldorf, unter Verwendung von Bildern von © Fotolia.com: jd – photodesign.de; © iStock: Plociennik Robert
Fotos: Katja Wegener, außer:
S. 37: Marionettentheater/Planetarium der Stadt Bad Tölz; S. 39: AlteBergmuehle_Foto_Craft; S. 43: Bergzeit GmbH; S. 51: Marionettentheater/Planetarium der Stadt Bad Tölz; S. 87: Hoppebräu GmbH; S. 91: Kristall Trimini Kochel am See. 2021; S. 105: Bio-Landhotel Moarwirt; S. 109: Gulbransson Museum; S. 111: Tannerhof; S. 127: Johann Oettl Hirschkuss; S. 137: meerfreiheit.com

MIX
Papier aus verantwortungsvollen Quellen
FSC® C011279
FSC www.fsc.org

Druck und Bindung: LUC GmbH, Greven
ISBN 978-3-7700-2356-1

www.droste-verlag.de